디지털독해가 문해력이다

3단계

초등 3 ~ 4학년 권장

KB190237

교 재
내 용   교재 내용 문의는 EBS 초등사이트
문 의   (primary.ebs.co.kr)의 교재 Q&A 서비스를
         활용하시기 바랍니다.

교 재
정 오 표   발행 이후 발견된 정오 사항을 EBS 초등사이트
공 지   정오표 코너에서 알려 드립니다.
         교재 검색 → 교재 선택 → 정오표

교 재
정 정   공지된 정오 내용 외에 발견된 정오 사항이
신 청   있다면 EBS 초등사이트를 통해 알려 주세요.
         교재 검색 → 교재 선택 → 교재 Q&A

디지털독해가
문해력이다

3단계

초등 3 ~ 4학년 권장

교과서를 혼자 읽지 못하는 우리 아이?
평생을 살아가는 힘, '문해력'을 키워 주세요!

'디지털독해가 문해력이다'

디지털 매체 학습으로 문해력 키우기

1 디지털 매체에서 정보를 알맞게 읽어내는
문해력을 키울 수 있습니다.

디지털 매체를 활용한 학습을 하면서 디지털 매체에 담긴 정보를 올바르게 파악할 수 있도록 했습니다.

2 교과별 성취 기준을 바탕으로 한
디지털 매체 학습을 중심으로 구성했습니다.

각 교과에 나오는 디지털 매체인 온라인 대화방, 인터넷 게시판, 인터넷 백과사전, 인터넷 국어사전,
인터넷 뉴스, 텔레비전 뉴스, 블로그, 웹툰, 광고, 스토리보드, SNS를 중심으로 한 독해 학습이 가능합니다.

3 실생활에서 자주 접하는 다양한 디지털 매체를 제시하여
활용해 보는 활동을 구성했습니다.

온라인 대화방, 인터넷 백과사전, 웹툰 등 접하기 쉬운 다양한 디지털 매체를 제시했습니다.

4 디지털 매체를 활용한 다양한
독해 활동과 확인 문제를 구성했습니다.

독해 활동을 하면서 디지털 매체에 대해 이해하고 알맞게 활용할 수 있는지 확인할 수 있습니다.
여러 가지 유형의 확인 문제로 디지털독해를 제대로 학습하였는지 확인할 수 있습니다.

5 학습 내용과 함께 **가치 동화**를 제시하여
5가지 올바른 가치를 강조했습니다.

5가지 가치인 자신감, 성실, 인내, 행복, 공감을 주제로 한 동화를 구성하여
올바른 가치에 대해 생각해 볼 수 있도록 했습니다.

EBS 〈당신의 문해력〉 교재 시리즈는 약속합니다.

교과서를 잘 읽고 더 나아가 많은 책과 온갖 글을 읽는 능력을 갖출 수 있도록
문해력을 이루는 **핵심 분야별, 학습 단계별** 교재를 준비하였습니다.
한 권 5회×4주 학습으로
아이의 공부하는 힘, 평생을 살아가는 힘을 EBS와 함께 키울 수 있습니다.

어휘가 문해력이다

어휘 실력이 교과서를 읽고 이해할 수 있는지를 결정하는 척도입니다.
〈어휘가 문해력이다〉는 교과서 진도를 나가기 전에 꼭 예습해야 하는 교재입니다.
20일이면 한 학기 교과서 필수 어휘를 완성할 수 있습니다.
국어, 수학, 사회, 과학 교과서 수록 필수 어휘들을 교과서 진도에 맞춰
날짜별, 과목별로 공부하세요.

쓰기가 문해력이다

쓰기는 자기 생각을 표현하는 미래 역량입니다.
서술형, 논술형 평가의 비중은 점점 커지고 있습니다.
객관식과 단답형만으로는 아이들의 생각과 미래를 살펴볼 수 없기 때문입니다.
막막한 쓰기 공부. 이제 단어와 문장부터 하나씩 써 보며 차근차근 학습하는
〈쓰기가 문해력이다〉와 함께 쓰기 지구력을 키워 보세요.

ERI 독해가 문해력이다

독해를 잘하려면 체계적이고 객관적인 단계별 공부가 필수입니다.
기계적으로 읽고 문제만 푸는 독해 학습은 체격만 키우고 체력은 미달인 아이를 만듭니다.
〈ERI 독해가 문해력이다〉는 특허받은 독해 지수 산출 프로그램을 적용하여 글의 난이도를
체계화하였습니다.
단어·문장·배경지식 수준에 따라 설계된 단계별 독해 학습을 시작하세요.

배경지식이 문해력이다

배경지식은 문해력의 중요한 뿌리입니다.
하루 두 장, 교과서의 핵심 개념을 글과 재미있는 삽화로 익히고 한눈에 정리할 수 있습니다.
시간이 부족하여 다양한 책을 읽지 못하더라도 교과서의 중요 지식만큼은 놓치지 않도록
〈배경지식이 문해력이다〉로 학습하세요.

디지털독해가 문해력이다

디지털독해력은 다양한 디지털 매체 속 정보를 읽어내는 힘입니다.
아이들이 접하는 디지털 매체는 매일 수많은 정보를 만들어 내기 때문에
디지털 매체의 정보를 판단하는 문해력은 현대 사회의 필수 능력입니다.
〈디지털독해가 문해력이다〉로 교과서 내용을 중심으로 디지털 매체 속 정보를 확인하고
다양한 과제를 해결해 보세요.

교재의 구성과 특징

한 주에 5회 학습 계획을 세워 공부할 수 있도록 구성했습니다.

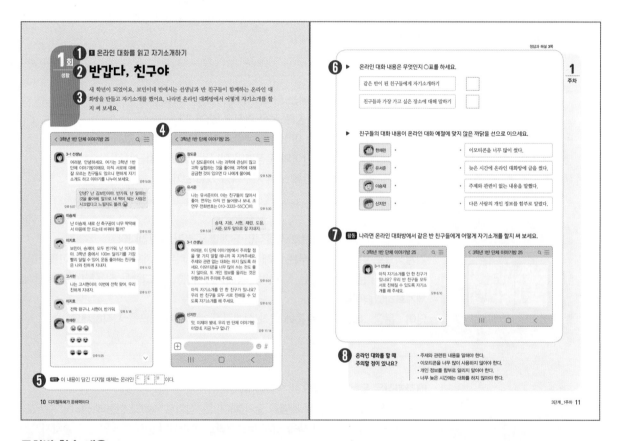

주차별 학습 내용

❶ 성취 기준   학습할 디지털 매체와 학습 방향을 제시했습니다.

❷ 제목   학습 내용의 제목을 제시했습니다.

❸ 생각 열기   학습 동기를 불러일으키는 활동 내용을 제시했습니다.

❹ 본문 학습   실생활에서 자주 보는 디지털 매체의 특성을 살려 본문 학습을 구성했습니다.

❺ 확인   본문에 사용된 디지털 매체를 확인할 수 있도록 한 문장으로 구성했습니다.

❻ 바탕학습   본문 내용을 확인해 보는 문제로 구성했습니다.

❼ 돌봄학습   디지털 매체의 특성을 알고 적용해 볼 수 있는 활동으로 구성했습니다.

❽ 학습 정보   본문 학습과 관련된 정보나 디지털 매체에 대한 보충 설명으로 내용을 구성했습니다.

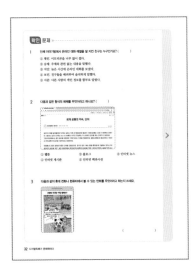

확인 문제
한 주 동안 학습한 내용을 다양한 문제 유형으로 확인할 수 있도록 구성했습니다.

디지털 매체 다시 보기
디지털 매체를 다시 한 번 살펴보면서 상황에 따라 알맞은 디지털 매체를 활용하는 방법을 제시했습니다.

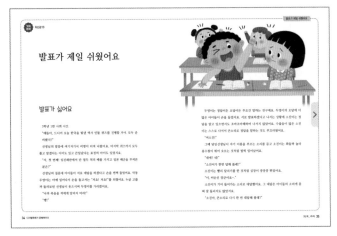

가치 동화
5가지 가치(자신감, 성실, 인내, 행복, 공감)를 담아 생활 속 이야기를 구성했습니다.

활용 디지털 매체 보기

ㄴ 온라인 대화방

ㄴ 웹툰

ㄴ 인터넷 백과사전

ㄴ 인터넷 게시판

ㄴ 텔레비전 뉴스

ㄴ 블로그

교재의 차례

평소 부끄러움을 많이 타는 소진이는 수업 시간에 조사한 내용으로

발표를 해야 한다는 말에 당황했어요.

숙제를 쉽게 하려고 인터넷에서 퍼온 내용을 그대로 쓰려는데 엄마가 알게 되었어요.

엄마한테 혼이 난 소진이는 제대로 숙제를 하기 위해 도서관에 가고,

엄마는 소진이의 발표 준비를 도와주는데…….

– 가치 동화 〈발표가 제일 쉬웠어요〉 –

1 주차

① 온라인 대화를 읽고 자기소개하기

반갑다, 친구야

새 학년이 되었어요. 보민이네 반에서는 선생님과 반 친구들이 함께하는 온라인 대화방을 만들고 자기소개를 했어요. 나라면 온라인 대화방에서 어떻게 자기소개를 할지 써 보세요.

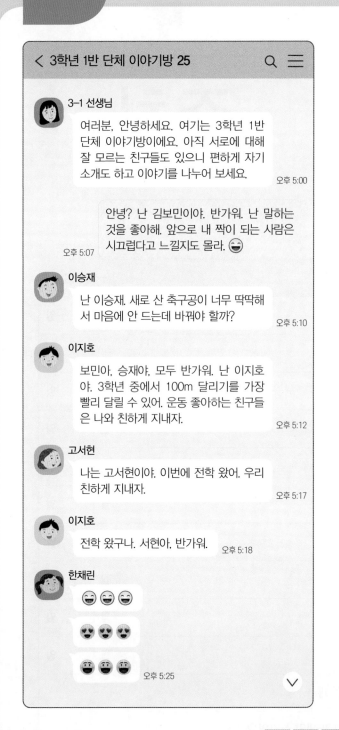

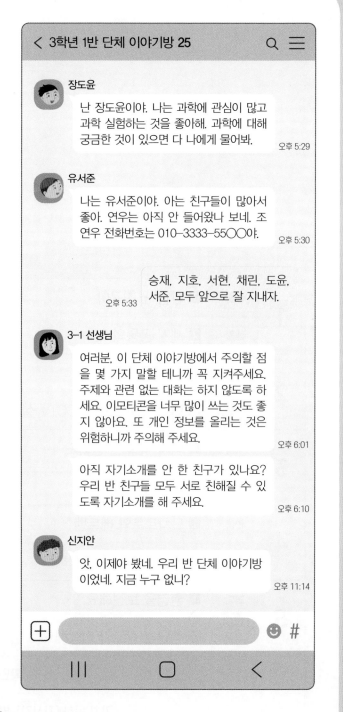

확인 이 내용이 담긴 디지털 매체는 온라인 ㄷ ㅎ ㅂ 이다.

▶ 온라인 대화 내용은 무엇인지 ○표를 하세요.

| 같은 반이 된 친구들에게 자기소개하기 | |
| 친구들과 가장 가고 싶은 장소에 대해 말하기 | |

▶ 친구들의 대화 내용이 온라인 대화 예절에 맞지 <u>않은</u> 까닭을 선으로 이으세요.

 한채린 ·   · 이모티콘을 너무 많이 썼다.

 유서준 ·   · 늦은 시간에 온라인 대화방에 글을 썼다.

 이승재 ·   · 주제와 관련이 없는 내용을 말했다.

 신지안 ·   · 다른 사람의 개인 정보를 함부로 알렸다.

활동 나라면 온라인 대화방에서 같은 반 친구들에게 어떻게 자기소개를 할지 써 보세요.

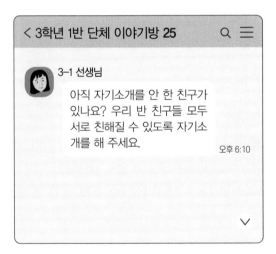

온라인 대화를 할 때 주의할 점이 있나요?
- 주제와 관련된 내용을 말해야 한다.
- 이모티콘을 너무 많이 사용하지 않아야 한다.
- 개인 정보를 함부로 알리지 말아야 한다.
- 너무 늦은 시간에는 대화를 하지 않아야 한다.

2 블로그를 읽고 내용 정리하기

세계 공통의 약속

물건의 길이나 무게, 들이를 재어 본 적이 있나요? 여러 가지 기록을 할 때 어떤 단위를 사용할까요? 블로그를 읽고 옛날 영국과 중국에서는 단위를 어떻게 사용했는지 단위 카드로 정리해 보세요.

🏠 파릇파릇한 새싹이의 블로그 ×   ∨ − ▢ ✕

← → C   ⌕ ☆ | 👤 ⋮

내 블로그 | 이웃 블로그 | 블로그 홈 [로그인] ▦

블로그 ▣ | 메모 | 안부

세계 공통의 약속, 단위

🐶 파릇파릇한 새싹이   2000. 10. 09 17:33   URL 복사

길이의 단위를 알아볼까요? 단위는 길이나 무게, 양 등을 잴 때 필요한 기준을 말해요. 요즘 전 세계에서 공통으로 사용하는 길이의 단위는 cm, m, km예요. 하지만 옛날에는 각 나라마다 길이를 재는 단위가 다 달랐어요. 고대 이집트에서는 몸을 이용하여 '큐빗'이라는 단위를 만들었어요. 팔꿈치에서 손끝까지의 길이를 1큐빗이라고 불렀어요.

유럽에서도 몸을 이용한 단위를 만들었어요. 영국의 헨리 1세는 팔을 뻗었을 때 코끝에서 엄지손가락 끝까지의 길이를 '야드', 발의 뒤꿈치에서 엄지발가락 끝까지의 길이를 '푸트', 엄지손가락의 너비를 '인치'라고 정했어요.

중국에서도 몸을 이용하였는데, 손을 폈을 때 엄지손가락 끝에서 가운뎃손가락 끝까지의 길이를 '자'라고 했어요.

이렇게 나라마다 기준이 되는 단위가 다르니 여러 가지 불편한 점이 많았어요.
그래서 1800년 대 프랑스에서 길이의 단위인 '미터(m)'를 만들었는데 4천만분의 1을 뜻했어요. 이 단위가 현재 전 세계에서 공통으로 사용하는 길이 단위가 된 것이지요. 현재 1미터(m)는 공기가 없는 상태에서 빛이 2억 9979만 2458분의 1초 동안 이동한 길이를 말해요. 1미터의 100분의 1을 1센티미터(cm), 1000배를 1킬로미터(km)라고 해요.

나라마다 말은 다르지만 길이를 재는 단위가 같다는 것이 놀랍지 않나요? 오랜 시간이 걸리기는 했지만 이러한 단위의 통일은 전 세계가 한 약속이랍니다.

#길이단위 #큐빗 #야드 #푸트 #인치 #자 #미터 #센티미터 #킬로미터

확인 이 내용이 담긴 디지털 매체는 ｜ㅂ｜ㄹ｜ㄱ｜이다.

▶ 다음에서 설명하는 단위는 무엇인지 쓰세요.

> • 고대 이집트에서 사용했던 몸의 길이를 이용한 단위이다.
> • 팔꿈치에서 손끝까지의 길이는 1□□이다.

▶ 단위에 대한 설명으로 알맞은 것에 모두 ○표를 하세요.

미터(m)는 전 세계에서 사용하는 길이 단위이다.	
길이를 재는 단위는 나라마다 다르지만 말은 같다.	
고대 이집트와 영국의 헨리 1세 때는 몸을 이용한 길이 단위를 사용했다.	

활동 블로그의 내용을 바탕으로 단위 카드를 완성해 보세요.

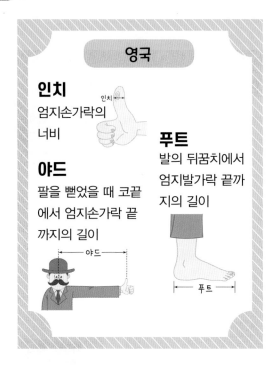

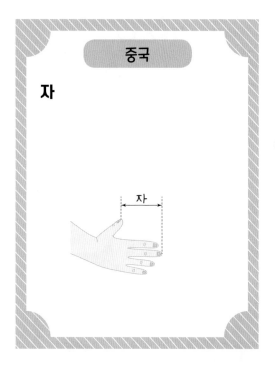

들이와 무게는 달라요

• 들이: 그릇의 안에 넣을 수 있는 물건 부피의 최대의 크기를 말한다. 들이의 단위에는 밀리리터(mL), 리터(L)가 있다.
• 무게: 지구가 물체를 잡아당기는 힘을 말한다. 무게의 단위에는 밀리그램(mg), 그램(g), 킬로그램(kg)이 있다.

1 웹툰을 읽고 외국어를 우리말로 바꾸기

사랑해, 우리말

비니와 파니가 학교 앞에 있어요. 이야기를 주고받으며 외국어를 많이 사용하네요. 웹툰 〈사랑해, 우리말〉을 읽고 비니와 파니의 대화 속에 나온 외국어를 우리말로 바꾸어 보세요.

사랑해, 우리말 〈학교 앞에서〉

쿵!

비니~, 뉴스! 스쿨버스가 다른 차에 부딪혔어. 다행히 모두 안전벨트를 하고 있어서 다친 친구들은 없대.

스쿨존에서는 차들이 천천히 달려야 하는데.

웹툰에 어떤 외국어가 나오는지 살펴볼까요?

스쿨버스

• 뜻: 학교 등하교를 위해 다니는 버스.
• 우리말: 통학 버스, 학교 버스

안전벨트

• 뜻: 자동차나 비행기 등에서 사고가 났을 때 충격으로부터 사람을 보호하기 위해 좌석에 고정하는 띠.
• 우리말: 안전띠

스쿨존

• 뜻: 유치원이나 초등학교 정문에서 300 미터 이내의 통학로.
• 우리말: ⬜ ? ⬜

확인 이 내용이 담긴 디지털 매체는 이다.

1
주차

▶ 웹툰에서 비니와 파니가 있는 장소로 알맞은 것에 ○표를 하세요.

집 앞	학교 앞	병원 앞

▶ 외국어를 우리말로 알맞게 바꾼 것을 선으로 이어 보세요.

스쿨버스	•	•	안전띠
안전벨트	•	•	학교 버스

활동 비니가 한 말 중 외국어 '스쿨 존'을 알맞은 우리말로 바꾸어 써 보세요.

바꾸기 전 — 스쿨존에서는 차들이 천천히 달려야 하는데.

바꾼 후

웹툰이 뭐예요?

- 동영상이나 음성 등 여러 멀티미디어를 이용하는 인터넷을 뜻하는 웹(web)과 만화를 뜻하는 카툰(cartoon)을 합한 말이다.
- 인터넷을 통해 여러 회차로 나누어 실어 놓고 볼 수 있도록 한 만화이다.

2 뉴스 방송 대본을 읽고 온라인 대화방에 의견 쓰기

어린이 보호 구역 CCTV 설치

○○시에 사는 현준이는 평소 학교 앞 어린이 보호 구역 표시가 궁금했어요. 텔레비전에서 모든 어린이 보호 구역에 CCTV가 설치된다는 내용의 뉴스를 보았어요. 텔레비전 뉴스 대본을 읽고 온라인 대화방에 의견을 써 보세요.

오늘 ○○시에서는 모든 어린이 보호 구역에 CCTV를 설치한다고 발표했습니다. 자세한 내용은 김지민 기자가 알려드리겠습니다.

어린이 보호 구역에 CCTV 설치, 불법 주정차 과태료 부과

○○시는 바뀐 도로 교통법 시행령에 따라 내년 12월까지 ○○시에 있는 모든 어린이 보호 구역에 CCTV를 설치한다고 합니다. 또 불법 주정차 단속을 위한 CCTV도 어린이 보호 구역에 먼저 설치하고, 교통사고를 일으키는 원인들을 찾아 어린이들이 안전하게 학교를 다닐 수 있도록 할 계획입니다.

어린이 보호 구역에서 불법으로 주차나 정차를 하는 차들은 운전자와 어린이의 시야를 제한하기 때문에 어린이 교통사고의 큰 위험 요소로 지적되어 왔습니다. 신호 위반과 과속 역시 큰 문제점이었습니다.

바뀐 법에 따라 어린이 보호 구역에서는 주차할 수 없으며 운전 차량은 시속 30킬로미터로 속도를 줄여야 합니다. 어린이 보호 구역에서 불법 주정차를 할 경우 과태료를 내야 하며, 어린이가 다칠 경우 징역 또는 벌금의 처벌이 따릅니다.
하지만 어린이 교통 안전 정책의 핵심은 운전자에 대한 처벌이 아닌 사고 예방이기 때문에 ○○시는 모든 어린이 보호 구역에 홍보 현수막을 걸고 ○○시 누리집이나 소식지 등을 통해 다양한 홍보를 하여 시민들의 불편함을 줄인다고 합니다. 지금까지 ETS뉴스 김지민 기자였습니다.

확인 이 내용이 담긴 디지털 매체는 텔레비전 └ ㅅ 이다.

1
주차

▶ 뉴스 방송 대본을 읽고 알 수 있는 내용에 ○표를 하세요.

> ○○시의 모든 어린이 보호 구역에 CCTV를 설치한다.

> ○○시의 모든 어린이 보호 구역에서 어린이 교통사고가 감소하고 있다.

▶ 이와 같은 텔레비전 뉴스에서 기자가 주의할 점으로 알맞은 것의 기호를 쓰세요.

> ㉮ 자신의 생각이나 느낌을 중심으로 이야기해야 한다.
> ㉯ 취재한 것을 바탕으로 사실적인 내용을 보도해야 한다.

활동 현준이는 텔레비전 뉴스를 보고 온라인 대화방에서 친구들과 뉴스 내용에 대해 의견을 나누었습니다. 뉴스 내용에 대해 어떻게 생각하는지 의견을 써 보세요.

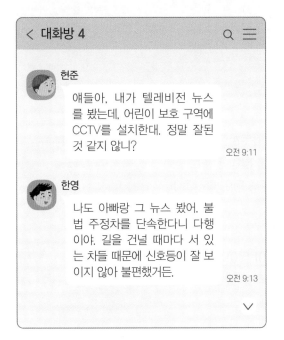

현준
얘들아, 내가 텔레비전 뉴스를 봤는데, 어린이 보호 구역에 CCTV를 설치한대. 정말 잘된 것 같지 않니?
오전 9:11

한영
나도 아빠랑 그 뉴스 봤어. 불법 주정차를 단속한다니 다행이야. 길을 건널 때마다 서 있는 차들 때문에 신호등이 잘 보이지 않아 불편했거든.
오전 9:13

지수
CCTV가 설치되어 안전해지는 건 좋은데, 우리를 감시하는 것 같아서 기분이 좀 그렇네.
오전 9:18

주차와 정차는 다른 것 인가요?

· 주차는 자동차가 사람을 태우기 위해, 화물을 싣기 위해, 또는 고장나서 정지하여 있는 상태를 말한다. 운전사가 자동차로부터 떠나 있어서 즉시 운전할 수 없다.
· 정차는 자동차가 6분 이상 멈추어 있는 상태를 말한다.

1 인터넷 백과사전을 읽고 광고 만들기

역사 박물관, 강화도

강화도는 섬 전체가 우리나라의 역사 박물관으로 불릴 정도로 유적이 많은 곳이에요. 현우는 인터넷 백과사전에서 강화도에 대한 정보를 찾아보았어요. 조사한 내용을 바탕으로 강화도를 소개하는 광고를 만들어 보세요.

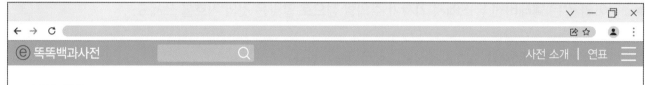

ⓔ 똑똑백과사전 　　　　　　　Q　　　　　　사전 소개 ｜ 연표 ☰

강화도

위치	인천광역시 강화군
면적	305.65㎢
해안선 길이	106.5km
자연 환경	산, 평지, 해안
관광지	마니산, 고인돌, 전등사, 광성보, 동막해변, 갑곶돈대
교통	올림픽대로 개화 IC(48번 국도) ▶ 김포 ▶ 강화읍

자연 환경 및 생산품
강화도는 인천광역시 강화군에 위치한 섬이다. 날씨는 대체로 따뜻하다. 마니산, 고려산 등의 산이 있다. 섬의 곳곳에 넓은 평지가 있어 벼농사를 많이 짓는다. 해안 지역에는 새우, 조개 등의 해산물이 많이 잡히고, 인삼, 화문석 등의 특산물이 있다.

역사
강화도는 선사 시대부터 현재까지 매 시대마다 역사적인 사건이 많이 일어난 곳이다. 유네스코 세계 유산으로 지정된 고인돌과 참성단 등의 유적도 있고, 고려궁지, 갑곶돈대, 광성보 등의 역사적인 장소도 남아 있다.

선사 시대
강화도에는 청동기 시대의 중요한 유적인 고인돌이 있다. 그중 강화군 부근리에 있는 고인돌은 유네스코 세계 유산으로 지정되었다. 이 고인돌은 탁자식 고인돌로, 중부 지방에서는 보기 힘든 모양이다. 크기가 매우 큰 뚜껑돌이 있고 2개의 굄돌이 뚜껑돌 아래를 받치고 있는 형태이다. 또 청동기 시대에 단군왕검이 하늘에 제사를 지냈다고 하는 참성단도 있다. 참성단에서는 지금도 매년 10월 3일 개천절에는 단군제를 지낸다.

확인 이 내용이 담긴 디지털 매체는 인터넷 ㅂ ㄱ ㅅ ㅈ 이다.

고인돌 청동기 시대의 유적으로, 유네스코에 등재된 한국의 세계 유산

전등사 삼국 시대에 고구려의 승려가 지은 절

삼국 시대

삼국 시대에는 고구려, 백제, 신라가 서로 한강을 차지하려고 했다. 한강 주변은 한반도의 가운데였기 때문에 어느 지역으로도 가기 편했고, 농사가 잘되어서 백성이 살기에도 좋았기 때문이다. 백제, 고구려, 신라의 순서대로 한강을 차지하였는데 강화도는 한강으로 들어가려는 적군을 막을 수 있는 중요한 위치여서 나라를 지키기 위한 요새를 많이 만들었다.

고려 시대

강화도는 고려가 몽골군과 싸우는 동안 고려의 수도 역할을 했다. 고려왕은 한양을 떠나 강화도에 와서 40년 동안 머물렀다. 당시 왕이 머물렀던 궁이나 여러 유적들은 전쟁에 타 버려서 고려의 궁궐터만 흔적으로 남아 있다.

참성단 단군왕검이 하늘에 제사를 지낸 곳

조선 시대

조선 시대에는 프랑스와 미국, 일본이 차례대로 우리나라를 공격했다. 1866년에는 프랑스 군대가 공격한 병인양요가, 1871년에는 미국 군대가 공격한 신미양요가 일어났는데 우리 군대는 강화도의 광성보나 용두돈대 등에서 치열한 전투를 하여 한양을 지킬 수 있었다. 또한 1876년에는 일본과의 불평등조약인 강화도 조약이 이루어지기도 했다.

광성보 병인양요와 신미양요 때 치열한 전투가 벌어졌던 장소

관광지

강화도는 섬 전체가 우리나라의 역사 박물관이라고 할 정도로 선사 시대부터 조선 시대까지의 유적이 많다. 선사 시대의 고인돌, 삼국 시대의 전등사, 고려 시대의 고려궁지, 조선 시대의 광성보, 용두돈대와 같은 장소를 살펴보면서 우리나라의 역사를 되짚어 볼 수 있다.

유네스코 세계 유산이 궁금해요

- 유네스코가 '세계 문화 및 자연 유산 보호 협약'에 따라 지정하고 있는 세계적 자산을 말한다.
- 우리나라에는 석굴암, 불국사, 제주도, 고인돌 유적, 종묘, 창덕궁, 하회와 양동 마을, 해인사 장경판전, 화성 등이 있다.

▶ 현우가 인터넷 백과사전에서 정보를 찾아본 지역에 ○표를 하세요.

강화도	제주도	울릉도

▶ 인터넷 백과사전에 대한 설명으로 알맞은 것의 기호를 쓰세요.

㉮ 정해진 시간에만 정보를 찾을 수 있다.
㉯ 사진이나 영상 등의 정보를 빠른 시간에 찾을 수 있다.
㉰ 정보에 대한 다른 사람들의 의견을 실시간으로 주고받을 수 있다.

▶ 강화도의 유적이 <u>아닌</u> 것의 기호를 쓰세요.

㉮ 고인돌
㉯ 참성단
㉰ 전등사
㉱ 화문석

활동 1 인터넷 백과사전을 읽고 강화도에 대해 시대별로 정리해 보세요.

선사 시대
• 청동기 시대의 고인돌이 있음. • 단군왕검이 하늘에 제사를 지내던 참성단이 있음.

삼국 시대

고려 시대

조선 시대
• 강화도 곳곳에서 적군과 전투를 하여 한양을 지킴. • 일본과의 불평등 조약인 강화도 조약이 이루어짐.

활동 2 인터넷 백과사전에서 찾은 내용을 바탕으로 강화도를 소개하는 광고를 만들려고 합니다. 제시된 광고를 참고하여 광고를 완성해 보세요.

2 뉴스 방송 대본을 읽고 온라인 대화 하기

태풍이 몰려와요

태풍이 우리나라로 가까이 오고 있어요. 텔레비전 뉴스의 일기예보에서는 태풍의 영향을 받는다는 오늘의 날씨와 태풍이 올 때 주의할 점에 대해 알려 주고 있네요. 뉴스 방송 대본을 읽고 온라인 대화방에 글을 써 보세요.

제7호 태풍 호랑이가 한반도를 향해 빠르게 올라오고 있습니다.

안녕하십니까? 오늘의 날씨를 알려 드리겠습니다. 오늘은 제7호 태풍 호랑이의 영향으로 전국이 태풍의 영향을 받아 흐리고 비가 내리겠습니다. 경기 북부를 뺀 전국 대부분의 지역에는 태풍 특보가 내려졌습니다. 제주도에는 한 시간에 30밀리미터 이상의 매우 강한 비가 내리는 곳도 있겠습니다. 비는 오늘 밤에 대부분 그치겠지만 강원도와 경상도 지역에서는 태풍의 영향을 벗어나는 내일 아침에 그치겠습니다.

내일 아침까지의 예상 강수량은 제주도와 전라도 남해안 지역은 400밀리미터, 강원도와 경상도는 150~250밀리미터, 서울, 경기도와 충청도 지역은 100밀리미터입니다.
제주도와 남해안, 동해안에서는 매우 강한 바람이 부는 곳이 있겠고, 그 밖의 지역에서도 강한 바람이 계속 이어지겠습니다.

이번 태풍은 비의 양도 많고 바람이 세기 때문에 주의해야 합니다. 태풍의 영향을 크게 받는 제주도와 남해안, 동해안의 해안가 지역에서는 가능하면 밖에 나가지 마시고, 일기예보를 계속 확인하시기 바랍니다. 매우 높은 물결이 해안가나 방파제를 넘을 수 있으니 시설물 관리와 안전사고에 특별히 주의해야 합니다.

내일 오후에는 태풍의 영향에서 벗어나 서쪽 지역부터 차차 맑아지겠습니다.

확인 이 내용이 담긴 디지털 매체는 ┌텔┐┌레┐┌비┐┌전┐ 뉴스이다.

▶ 뉴스 방송 대본을 읽고 알 수 있는 내용에 ○표를 하세요.

> 오늘은 제7호 태풍 (메아리 , 호랑이)의 영향으로 비가 많이 오고 바람도 세게 분다.

▶ 텔레비전 뉴스로 보는 일기예보의 좋은 점을 모두 골라 기호를 쓰세요.

> ㉮ 날씨 상황을 영상으로 볼 수 있어서 효과적이다.
> ㉯ 텔레비전을 보는 여러 사람에게 동시에 알릴 수 있다.
> ㉰ 일기예보를 보며 자신의 생각을 담은 댓글을 쓸 수 있다.

활동 일기예보의 내용을 바탕으로 태풍이 올 때 주의할 점을 써 보세요.

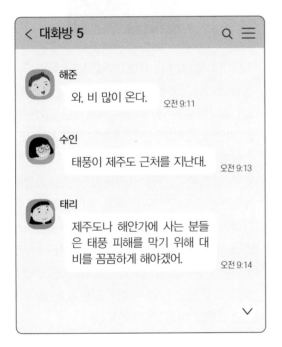

태풍은 나쁜 것인가요? | 태풍은 많은 비와 강한 바람이 부는 날씨를 말한다. 태풍이 불어오는 것이 나쁜 것만은 아니다. 태풍은 주로 많은 비와 함께 오기 때문에 물이 부족한 지역에서는 큰 도움이 된다. 또 따뜻한 공기를 추운 북쪽까지 끌어다 주기도 하고 강한 바람이 바닷물을 잘 섞어 주기도 한다.

① 인터넷 백과사전을 읽고 공통점과 차이점 정리하기

모차르트와 베토벤

천재 음악가 모차르트와 베토벤.
휴대 전화로 검색한 인터넷 백과사전에서 찾은 두 사람의 일생을 살펴보고, 두 사람의 공통점과 차이점을 정리해 보세요.

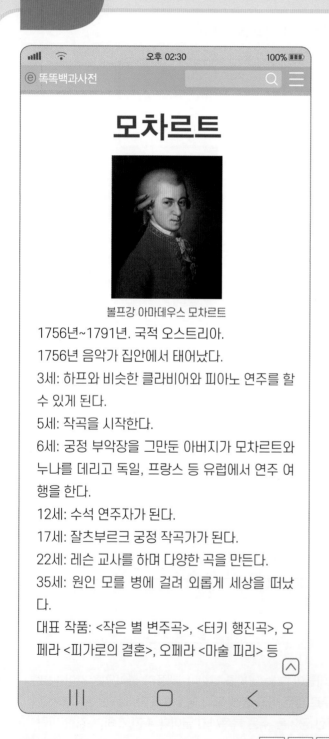

오후 02:30 100%

ⓔ 똑똑백과사전

모차르트

볼프강 아마데우스 모차르트

1756년~1791년. 국적 오스트리아.
1756년 음악가 집안에서 태어났다.
3세: 하프와 비슷한 클라비어와 피아노 연주를 할 수 있게 된다.
5세: 작곡을 시작한다.
6세: 궁정 부악장을 그만둔 아버지가 모차르트와 누나를 데리고 독일, 프랑스 등 유럽에서 연주 여행을 한다.
12세: 수석 연주자가 된다.
17세: 잘츠부르크 궁정 작곡가가 된다.
22세: 레슨 교사를 하며 다양한 곡을 만든다.
35세: 원인 모를 병에 걸려 외롭게 세상을 떠났다.
대표 작품: <작은 별 변주곡>, <터키 행진곡>, 오페라 <피가로의 결혼>, 오페라 <마술 피리> 등

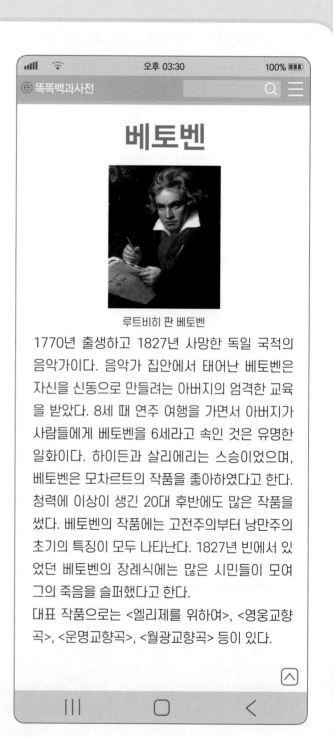

오후 03:30 100%

ⓔ 똑똑백과사전

베토벤

루트비히 판 베토벤

1770년 출생하고 1827년 사망한 독일 국적의 음악가이다. 음악가 집안에서 태어난 베토벤은 자신을 신동으로 만들려는 아버지의 엄격한 교육을 받았다. 8세 때 연주 여행을 가면서 아버지가 사람들에게 베토벤을 6세라고 속인 것은 유명한 일화이다. 하이든과 살리에리는 스승이었으며, 베토벤은 모차르트의 작품을 좋아하였다고 한다. 청력에 이상이 생긴 20대 후반에도 많은 작품을 썼다. 베토벤의 작품에는 고전주의부터 낭만주의 초기의 특징이 모두 나타난다. 1827년 빈에서 있었던 베토벤의 장례식에는 많은 시민들이 모여 그의 죽음을 슬퍼했다고 한다.
대표 작품으로는 <엘리제를 위하여>, <영웅교향곡>, <운명교향곡>, <월광교향곡> 등이 있다.

확인 이 내용이 담긴 디지털 매체는 인터넷 | ㅂ | ㄱ | ㅅ | ㅈ | 이다.

▶ 인터넷 백과사전에서 어떤 음악가에 대한 정보를 찾았는지 알맞은 것에 모두 ○표를 하세요.

모차르트	베토벤	슈베르트

▶ 다음은 누구에 대한 설명인지 쓰세요.

> • 독일에서 태어났다.
> • 아버지의 엄격한 교육을 받았다.
> • 20대 후반에 청력에 이상이 생겼다.
> • 〈엘리제를 위하여〉, 〈영웅교향곡〉, 〈운명교향곡〉 등을 작곡했다.

활동 인터넷 백과사전에서 찾은 정보를 바탕으로 두 음악가의 공통점과 차이점을 정리해 보세요.

공통점	차이점
• 비슷한 때에 활동한 음악가이다. • 음악가 집안에서 태어났다. •	• 모차르트는 오스트리아에서 태어났고, 베토벤은 독일에서 태어났다. • 모차르트는 어릴 때 좋은 환경에서 교육을 받았지만, 베토벤은 어릴 때 엄격한 교육을 받았다. •

인터넷 백과사전에서 정보를 찾아요

• 인터넷 백과사전은 과학, 역사, 예술, 문화 등 여러 종류의 지식과 정보를 풀이해 놓은 것이다.
• 관련된 사진이나 영상 등의 자료를 찾을 수 있다.
• 찾으려는 주제의 키워드(관련된 단어)를 이용하면 쉽게 정보를 찾아낼 수 있다.

2 인터넷 백과사전을 읽고 학급 게시판에 글 쓰기

옛날 결혼식은 복잡해요

다음 주 사회 시간에는 옛날과 오늘날의 결혼 풍습에 대해 배워요. 그래서 슬아네 모둠은 옛날의 결혼 풍습에 대해 조사한 것을 학급 게시판에 올리기로 했어요. 슬아가 인터넷 백과사전에서 찾은 내용을 읽고 학급 게시판에 글을 써 보세요.

e 똑똑백과사전   사전 소개 | 연표

옛날의 결혼식

결혼식 순서

옛날에는 결혼식을 혼례라고 했는데 오늘날에 비해 순서가 복잡하다.

먼저 신랑이 말을 타고 신부의 집으로 가서 신부측에 나무로 만든 기러기 한 쌍을 건네주면 혼례가 시작된다. 신부의 집 마당에 차려진 혼례식장에서 신랑과 신부가 마주 보고 큰절을 올리고, 잔에 술을 부어 함께 나누어 마시며 사람들에게 혼인이 이루어졌음을 널리 알리게 된다.

혼례를 치르고 신부의 집에서 며칠을 지낸 뒤에 신랑은 말을 타고 신부는 가마를 타고 신랑의 집으로 간다. 신부가 신랑의 집에 도착하면 어른들께 큰절을 올리고 새 식구가 되었음을 알리는 뜻으로 폐백을 드린다.

신랑과 신부의 결혼식 옷차림

신랑과 신부는 한복의 한 종류인 화려한 예복을 입는다. 신랑은 조선 시대에 벼슬을 하던 사람들이 입던 관복을 입고 머리에 사모를 쓴다. 신부는 궁중 의식에 쓰이던 원삼을 입고 머리에 족두리를 쓴다. 신랑과 신부가 이런 옷차림을 한 까닭은 혼례 때만큼은 일반 백성들도 특별하고 귀한 옷을 입으라는 의미이다.

확인 이 내용이 담긴 디지털 매체는 [ㅇ] [ㄷ] [ㄴ] 백과사전이다.

▶ 슬아가 찾아본 내용으로 알맞은 것에 ○표를 하세요.

옛날의 결혼식 순서는 오늘날의 결혼식에 비해 복잡하다.

오늘날의 결혼식 순서는 옛날의 결혼식에 비해 복잡하다.

▶ 옛날의 결혼식에서 신부와 신랑의 옷차림을 무엇이라고 했는지 선으로 이으세요.

· · 사모와 관복

· · 원삼과 족두리

활동 인터넷 백과사전에서 찾은 내용을 바탕으로 옛날의 결혼식에 대해 학급 게시판에 글을 써 보세요.

신랑이 신부에게 나무 기러기를 왜 주나요?

기러기는 평생 짝을 바꾸지 않고 알을 많이 낳는 새이다. 그래서 나무 기러기 한 쌍에는 신랑과 신부가 기러기처럼 오래도록 서로 행복하게 살 것을 바라는 마음이 담겨 있어서 옛날 결혼식에서 신랑이 신부에게 건넨 것이다.

■ 텔레비전 공익 광고를 읽고 포스터 만들기

환경을 보전해요

북극곰이 살 곳을 왜 잃어가고 있는지 생각해 본 적이 있나요? 지구가 뜨거워지고 있기 때문이지요. 지구가 뜨거워지고 있는 까닭은 무엇인지 생각하면서 텔레비전 공익 광고를 보고 환경에 대한 포스터를 만들어 보세요.

확인 이 내용이 담긴 디지털 매체는 텔레비전 공익 ⬚ ⬚ 이다.

1
주차

▶ 알맞은 내용에 ○표를 하세요.

| 이 광고는 지구의 환경을 보호하자는 주제의 공익 광고이다. | |
| 이 광고는 지구의 환경을 바꿀 수 있다는 주제의 상업 광고이다. | |

▶ 지구의 환경을 보전하기 위해 우리가 실천할 수 있는 방법을 정리해 보세요.

| 일회용품 사용을 줄인다. | 화장실에서 손을 씻은 뒤에는 종이 타월 대신 손수건을 사용한다. | 온실가스를 많이 만드는 가축의 소비를 줄이고 채소를 많이 먹는다. | |

활동 제시된 광고를 참고하여 정리한 내용을 바탕으로 환경 포스터를 만들어 보세요.

광고가 궁금해요

- 많은 사람들을 대상으로 다양한 매체를 통해 무엇인가를 널리 알리는 것을 말한다. 담는 내용에 따라 공익 광고, 상업 광고 등으로 나뉜다.
- 텔레비전, 라디오, 신문, 잡지 등을 활용하며 인터넷이나 영화관, 지하철이나 버스 안에서도 여러 가지 광고를 볼 수 있다.

2 SNS 광고를 읽고 댓글 쓰기

장난감 광고가 이상해요

단우는 일곱 살인 동생에게 줄 크리스마스 선물을 찾아보다가 SNS에서 장난감 광고를 보게 되었어요. 그런데 광고를 관심 있게 살펴보니 이상한 점이 있었어요. SNS에 올라온 장난감 광고를 읽고 문제점을 찾아 댓글을 써 보세요.

확인 이 내용이 담긴 디지털 매체는 SNS ☐☐ 이다.

▶ SNS 광고 내용으로 알맞은 것을 골라 ○표를 하세요.

| 럭키박스 안에 들어 있는 장난감이 무엇인지는 알 수 없다. | |

| 럭키박스에 들어갈 장난감을 내가 고를 수 있다. | |

▶ SNS 광고 내용 중 과장되거나 거짓된 표현을 골라 기호를 쓰세요.

> ㉮ 상품 개봉 시 반품 불가
> ㉯ 뛰뛰빵빵 친구보다 더 좋은 친구는 없다!
> ㉰ 이벤트 상품 재고 소진 시, 조기 종료될 수 있습니다.
> ㉱ 뛰뛰빵빵 친구들 3개 상품으로 구성된 럭키박스를 지금 구매해 보세요.

활동 SNS 광고 내용에 대한 나의 생각을 댓글로 써 보세요.

← 댓글

댓글 달기

1000자 이내 등록

**광고를 읽을 때는
이것을 살펴요**

• 광고하는 상품이 무엇인지 살펴본다.
• 광고에 담긴 의미가 무엇인지 살펴본다.
• 글, 그림, 사진이 뜻하는 내용은 무엇인지 짐작해 본다.
• 광고 내용 중 과장되거나 거짓된 표현이 있는지 찾아본다.

ㅣ 단체 이야기방에서 온라인 대화 예절을 잘 지킨 친구는 누구인가요? (   )

① 채린: 이모티콘을 너무 많이 썼다.

② 승재: 주제와 관련 없는 내용을 말했다.

③ 지안: 늦은 시간에 온라인 대화방에 글을 썼다.

④ 보민: 친구들을 배려하며 솔직하게 말했다.

⑤ 서준: 다른 사람의 개인 정보를 함부로 알렸다.

2 다음과 같은 형식의 매체를 무엇이라고 하나요? (   )

① 웹툰   ② 블로그   ③ 인터넷 뉴스

④ 인터넷 게시판   ⑤ 인터넷 백과사전

3 다음과 같이 휴대 전화나 컴퓨터에서 볼 수 있는 만화를 무엇이라고 하는지 쓰세요.

(   )

확인 문제 》》

4 다음은 무엇에 대한 설명인지 쓰세요.

> • 유네스코가 '세계 문화 및 자연 유산 보호 협약'에 따라 지정하고 있는 세계적 자산이다.
> • 우리나라에는 석굴암, 불국사, 종묘, 창덕궁 등이 있다.

유네스코 (   )

5 다음에 대한 설명입니다. 알맞은 말에 ○표를 하세요.

> 이 텔레비전 뉴스에서는 (태풍 , 지진)이 오고 있다는 일기예보를 전하고 있다.

6 다음은 어떤 매체의 장점인가요? (   )

> • 과학, 역사, 예술, 문화 등 여러 종류의 지식과 정보를 풀이해 놓은 것이다.
> • 관련된 사진이나 영상 등의 자료를 인터넷에서 찾을 수 있다.

① SNS   ② 블로그   ③ 인터넷 뉴스
④ 인터넷 게시판   ⑤ 인터넷 백과사전

7

다음 광고는 어떤 매체에서 볼 수 있나요? (   )

① SNS
② 블로그
③ 인터넷 뉴스
④ 인터넷 게시판
⑤ 인터넷 백과사전

발표가 제일 쉬웠어요

발표가 싫어요

3학년 1반 사회 시간.

"얘들아, 드디어 오늘 한국을 빛낸 역사 인물 퀴즈를 진행할 거야. 모두 준비됐지?"

선생님의 말씀에 여기저기서 비명이 터져 나왔어요. 마지막 퀴즈까지 모두 풀고 말겠다는 아이도 있고 큰일났다는 표정의 아이도 있었지요.

"자, 첫 번째! 임진왜란에서 단 열두 척의 배를 가지고 일본 해군을 무찌른 분은?"

선생님의 질문에 아이들이 서로 대답을 하겠다고 손을 번쩍 들었어요. 악동 두영이는 아예 일어나서 손을 들고서는 "저요! 저요!"를 외쳤어요. 누굴 고를까 둘러보던 선생님이 웃으시며 두영이를 가리켰어요.

"나의 죽음을 적에게 알리지 마라!"

"땡!"

두영이는 정답이든 오답이든 무조건 말하는 친구예요. 두영이의 오답에 더 많은 아이들이 손을 들었어요. 서로 발표하겠다고 나서는 상황에 소진이는 정답을 알고 있으면서도 조마조마해하며 나서지 않았어요. 수줍음이 많은 소진이는 스스로 나서서 큰소리로 정답을 말하는 것도 부끄러웠어요.

"여소진!"

그때 담임선생님이 자기 이름을 부르는 소리를 듣고 소진이는 화들짝 놀라 용수철이 튀어 오르는 것처럼 벌떡 일어났어요.

"네에? 네!"

"소진이가 한번 답해 볼래?"

소진이는 빨리 달리기를 한 것처럼 심장이 쿵쿵쿵 뛰었어요.

"이, 이순신 장군이요~."

소진이가 기어 들어가는 소리로 대답했어요. 그 대답은 아이들의 소리에 묻혀 잘 들리지도 않았지요.

"소진아, 큰소리로 다시 한 번 대답해 볼래?"

와, 역시~!

서율이 최고.

야호!

대박!

"이순신 장군이요!"

이번엔 조금 더 큰소리로 대답했어요. 다행히도 선생님이 그 소리를 알아듣고 크게 "정답!"을 외쳤어요. 그 이후에도 선생님의 질문이 이어졌어요.

"문익점이 어떤 일을 한 분인지 아는 사람?"

이번에는 손을 든 아이들의 수가 눈에 띄게 줄었어요. 손을 든 서너 명의 학생 중에서 선생님이 서율이를 콕 찍었어요.

"우리나라에 목화씨를 처음으로 들여왔어요."

"그러면 목화씨를 우리나라에 들여온 게 왜 훌륭한 일일까?"

"문익점이 들여온 목화씨를 심어 솜을 만들어 냈고, 그 덕분에 추운 겨울에 백성들이 솜을 넣은 따뜻한 겨울옷을 입을 수 있었기 때문입니다."

서율이는 똑부러지게 대답했어요. 막힘없는 서율이의 대답에 아이들이 환호성을 질렀어요.

"와, 역시 서율이야!"

"대박! 정말 똑똑하네!"

아이들이 서율이를 칭찬했어요. 소진이는 똑똑하고 자신감 넘치는 서율이가 부러웠어요. 서율이는 아는 것도 많지만, 발표하는 태도가 아주 훌륭했지요.

'아, 서율이는 좋겠다. 나도 서율이처럼 되고 싶어!'

소진이는 속으로 이렇게 생각했어요. 갑자기 발표 폭탄이 날아든 것은 그때였어요.

"오늘부터 한 달간 우리는 우리나라를 빛낸 위인들에 대한 공부를 할 거란다. 그리고 이번에는 모두 함께 참여하는 수업을 하려고 해. 그래서 다다음 주부터 2주 동안 너희들이 직접 발표할 거야. 어떤 역사 인물에 대한 내용이든 상관없으니까. 5분 정도 발표할 준비를 해 오면 되는 거야."

아이들이 모두 소리를 질렀어요.

"선생님, 너무해요!"

"제발 취소해 주세요!"

발표 준비를 하기 싫었던 아이들은 여기저기서 큰 소리로 말했어요. 그 같은 아이들의 반응에 선생님은 웃으면서 말했지요.

"너희들 반응이 대단하구나. 너희가 역사 인물 발표 준비를 아주 열심히 해 올 거라고 믿는다. 선생님은 발표에 대해서도 다 말했으니 오늘 수업은 여기서 끝!"

소진이는 선생님의 말씀에 눈앞이 캄캄해졌어요. 수업 시간에 정답을 알면서도 그 정답도 잘 말하지 못하는 게 바로 자신이지요. 그런데 발표를 하라니요, 그것도 5분씩이나!

지난번 과학 시간이 떠올랐어요. 소진이는 땀을 뻘뻘 흘리며 제대로 말을 잇지 못해 얼굴만 빨개졌어요. 다시 생각하기도 싫은 일이었지요. 소진이는 그 같은 일은 또다시 겪기 싫었어요. 쉬는 시간이 되자 아이들은 언제 발표 얘기를 들었냐 싶게 서로 까불고 떠드느라 정신이 없었어요. 즐겁게 노는 아이들 가운데 소진이는 혼자만 걱정하는 것 같아서 속상했어요.

이어지는 내용은 66쪽에 >>>

"글이나 그림, 음악 등에는 모두 저작권이 있단다. 네가 시간과 노력을 들여

만들어낸 것을 다른 사람이 마구 갖다 쓴다고 생각해 봐. 얼마나 속상하겠니?

그러니까 인터넷에서 글이나 노래, 그림 등을 함부로 베껴 쓰면 안 돼.

만약 가져다 쓰려면 누구의 것인지 출처를 분명히 밝혀야 하고.

안 그러면 벌을 받을 수도 있어."

– 가치 동화 〈발표가 제일 쉬웠어요〉 중에서 –

2 주차

1 인터넷 게시판에 댓글 쓰기

칭찬합시다

3학년 2반 선생님께서는 학급 누리집에서 '칭찬 댓글 쓰기' 행사를 한다고 하셨어요. 한 학기 동안 친구들과 생활하면서 느낀 점을 바탕으로 칭찬하는 내용을 댓글로 쓰라고 하셨어요. 친구를 칭찬하는 내용을 댓글로 써 보세요.

자유 게시판

🏠 참여 소통 > 열린 게시판 > 자유 게시판　　　　　　　　　 인쇄

여러분의 친구를 칭찬해 주세요

작성자: 이지아 | 작성일: 20〇〇. 〇〇. 〇〇. | 댓글 4

3학년 2반 친구들.

1학기 동안 친구들과 생활하면서 어땠나요?

3월에 처음 만나 서먹서먹했지만, 지금은 모두 친해진 거 같더라고요.

여름 방학 전에 '칭찬 댓글 쓰기' 행사를 하려고 해요.

칭찬하는 말을 들으면 기분이 좋아지고, 칭찬한 사람과 사이가 더 좋아진답니다.

친구가 열심히 하고 노력하는 점은 무엇이었는지, 친구가 잘한 일과 그 일에 대한 자신의 생각은 어떠한지 등을 떠올려 보고 잘 정리해서 댓글로 써 주세요.

여름 방학식 날, 진심을 담아 칭찬한 친구와 칭찬을 많이 받은 친구에게는 깜짝 선물을 줄 예정이랍니다.

❤ 공감 3 | ∨　　💬 댓글 4 | ∧

ㄴ **한결** 지난번에 깜빡하고 색종이를 안 가지고 왔는데, 하윤이가 준비물을 넉넉하게 가지고 와서 나누어 주어서 미술 시간에 잘 쓸 수 있었습니다. 친구를 잘 도와주는 하윤이를 칭찬합니다.

ㄴ **채린** 지안이는 노랫말도 빨리 외우고, 노래도 잘합니다. 노래 잘하는 지안이를 칭찬합니다.

ㄴ **범수** 선생님, 운동을 잘하는 민형이 덕분에 체육 시간마다 3반과 한 축구, 피구, 배구 시합에서 우리 반이 항상 이길 수 있었어요. 운동을 잘하는 민형이를 칭찬합니다.

ㄴ **서준** 줄넘기 연습을 열심히 하는 선우를 칭찬합니다.

확인 이 내용이 담긴 디지털 매체는 인터넷 ┌ㄱ┐ ┌ㅅ┐ ┌ㅍ┐ 이다.

▶ 다음과 같은 칭찬을 한 친구는 누구인지 ○표를 하세요.

> 친구를 잘 도와주는 하윤이를 칭찬합니다.

| 범수 | 한결 | 채린 |

▶ 칭찬하는 말을 들으면 좋은 점을 모두 골라 기호를 쓰세요.

> ㉮ 글을 잘 쓸 수 있게 된다.
> ㉯ 칭찬한 사람과 사이가 좋아진다.
> ㉰ 칭찬하는 말을 들으면 기분이 좋아진다.

활동 3학년 2반 친구들처럼 친구를 칭찬하는 내용의 댓글을 써 보세요.

칭찬하는 글을 쓸 때
주의할 점은 뭐예요?

• 진심을 담아 칭찬해야 한다.
• 너무 과장되지 않도록 한다.
• 상대방이 잘못한 점은 함께 쓰지 않는다.

2 웹툰과 블로그를 읽고 지역 축제를 알리는 광고 만들기

함평 나비 대축제

소현이네 가족은 나들이를 어디를 갈지 고민하다가 블로그에서 정보를 찾고 함평 나비 대축제에 가기로 결정했어요. 블로그를 읽고 함평 나비 대축제에 대해 알아보고, 축제를 알리는 광고를 만들어 보세요.

함평 나비 대축제의 대표 나비들

산제비나비

제비나비와 비슷하지만 가운데에 청록색 띠가 있다. 뒷날개 뒷면에는 잿빛을 띤 흰색 띠와 일곱 개의 붉은색 무늬가 있다.

배추흰나비

날개는 흰색이지만 앞날개의 끝은 검은색이다. 앞날개에 두 개, 뒷날개에 한 개의 검은 무늬가 있다.

왕오색나비

앞날개의 안쪽은 검은 갈색에 흰 얼룩무늬가 있다. 날개 뒷면은 수컷이 흰 은빛, 암컷이 녹황색이다.

확인 소현이네 가족이 찾아본 디지털 매체는 ㅂ ㄹ ㄱ 이다.

🏠 함평 알리미 ✕

← → C 🔒 ☆ ⋮

내 블로그 | 이웃 블로그 | 블로그 홈 [로그인]

블로그 🔅 | 정보 공유 | 좋은 글귀   메모 | 안부

나비와 함께 춤을, 함평 나비 대축제

 함평 알리미 2000. 4. 26 17:43   URL 복사

안녕하세요. 오늘 함평 나비 대축제 개막식에 다녀왔습니다.

함평은 깨끗한 산과 맑은 물을 자랑하는 대표적인 친환경 지역입니다. 그래서 오염되지 않은 자연환경에서만 살 수 있는 나비를 주제로 해 축제를 개최할 수 있었다고 합니다.

1999년에 '꽃과 나비'라는 주제로 처음 시작한 이 축제는 문화체육관광부가 최우수 축제로 지정했을 만큼 전국에서 인기가 높습니다. 또 세계 최초로 살아있는 나비와 곤충 그리고 자연을 소재로 하여 친환경 축제로 높이 평가받고 있습니다.

올해는 '나비와 함께하는 봄날의 여행'이란 주제로 4월 26일부터 5월 6일까지 11일간 축제가 진행됩니다. 함평군은 나비 축제를 처음 개최할 때부터 매회 대표 나비를 뽑고 있습니다. 그동안 호랑나비, 산제비나비, 노랑나비, 왕오색나비, 배추흰나비, 암끝검은표범나비 등 우리가 잘 알고 있는 나비부터 이름을 처음 들어보는 나비까지 다양한 나비들이 축제의 대표 나비로 선정되었습니다. 올해는 제1회에 이어 여러 차례 대표 나비로 뽑혔던 호랑나비가 대표 나비로 선정되었다고 합니다. 축제 현장 곳곳에서는 호랑나비를 비롯해 약 21만 마리의 나비와 유채꽃, 무꽃, 꽃양귀비 등 형형색색의 봄꽃을 감상할 수 있습니다. 나비·곤충 생태관에서는 알→애벌레→번데기→나비로 성장하는 과정을 전시하고, 함평 엑스포 공원 생태 습지에서는 미꾸라지 잡기 체험도 할 수 있습니다. 이외에도 다양한 공연과 체험 프로그램들이 관광객들을 기다리고 있답니다. 무엇보다 기대되는 행사는 아무래도 매 축제 때마다 최고 인기를 얻었던 '나비 날리기 행사'가 아닐까 합니다. 수백 마리의 화려한 나비가 한꺼번에 하늘로 날아가는 모습이 궁금하시다면 함평에서 나비와 함께 봄날의 여행을 즐겨 보는 건 어떨까요?

▲ 제21회 함평 나비 대축제의 대표 나비인 호랑나비

#나비 #함평 #호랑나비 #지역축제 #유채꽃밭

지역 축제가 궁금해요 │ • 그 지역의 전통이나 문화, 특산물 등 자랑거리를 널리 알리기 위해 여는 행사이다.
│ • 축제의 주제와 관련한 다양한 볼거리, 먹을거리, 공연, 체험 행사 등을 즐길 수 있다.
│ • 서울의 등 축제, 화천의 산천어 축제, 무주의 반딧불 축제, 보령의 머드 축제, 진해의 군항제 등이 있다.

▶ 소현이네 가족의 나들이 장소는 어디인지 ○표를 하세요.

| 함평 나비 대축제 | 무주 반딧불 축제 | 보령 머드 축제 |

▶ 블로그 내용으로 알맞은 것의 기호를 모두 쓰세요.

㉮ 함평 나비 대축제는 친환경 축제이다.
㉯ 함평 나비 대축제는 겨울에 열리는 축제이다.
㉰ 함평 나비 대축제의 대표 나비는 호랑나비, 산제비나비, 노랑나비, 왕오색나비, 배추흰나비, 암끝검은표범나비 등이다.

▶ 나비 한살이의 순서대로 번호를 쓰세요.

| | | | |

함평 나비 대축제 때 즐길 수 있는 행사로 알맞은 것에 모두 ○표를 하세요.

두꺼운 얼음을 깨고 낚시 하기

나비 날리기

나비의 한살이 과정 살펴보기

갯벌에서 스키 타기

활동2 제시된 광고를 참고하여 블로그 내용을 바탕으로 함평 나비 대축제를 알리는 광고를 만들어 보세요.

1 인터넷 백과사전을 읽고 픽토그램 만들기

픽토그램을 만들어요

관광지나 공공장소에는 사용하는 언어가 다른 사람도 쉽게 이해할 수 있도록 간단한 그림 안내판이 붙어 있어요. 이러한 그림 문자를 '픽토그램'이라고 해요. 인터넷 백과사전에서 픽토그램에 대한 내용을 읽고 안전사고 예방 안내 픽토그램을 만들어 보세요.

e 똑똑백과사전   사전 소개 | 연표

픽토그램

사물이나 시설, 행동 등을 누구나 쉽게 알아볼 수 있도록 단순하게 만들어 나타낸 그림 문자. 또는 그런 그림 문자를 사용한 안내판이나 표지판.

주로 공공시설이나 교통 안내판 등에 많이 사용된다. 픽토그램은 누구나 쉽게 바로 이해할 수 있도록 단순하게 표현되어야 하고 의미가 뚜렷이 담겨야 한다. 그림 문자로 의미를 전달하고, 색깔에도 의미가 담겨 있다. 검정은 일반 안내, 파랑은 지시, 노랑은 주의, 초록은 안전, 빨강은 소방, 긴급, 위험, 빨간색 원 안의 사선 모양은 금지를 나타낸다.

픽토그램이 가장 먼저 만들어진 나라는 미국이다. 1920년대부터 픽토그램을 교통표지판에 사용하였다. 그 뒤 영국에서는 1948년 영국 런던 올림픽에서, 일본에서는 1964년 도쿄 올림픽에서 사용하기 시작하였다.

여러 나라에서 픽토그램이 제각각 생겨나자 국제표준화기구(ISO)에서는 나라별로 다르게 사용해 온 픽토그램의 국제 표준화 작업을 하고 있다. 그중에서 '비상대피소', '보안면 착용', '애완동물 금지', '음식물 반입금지' 등 30여 개는 우리나라가 제안한 것으로 채택되었다.

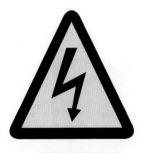
▲ 감전주의/전기주의

▲ 화장실

▲ 어린이 보호

▲ 출입문 끼임 주의

확인 이 내용이 담긴 디지털 매체는 인터넷 ⬚ ⬚ ⬚ ⬚ 이다.

▶ 픽토그램에 대한 설명으로 알맞은 것을 모두 골라 ○표를 하세요.

| 픽토그램이 가장 먼저 만들어진 나라는 영국이다. | ☐ |

| 픽토그램은 누구나 쉽게 바로 이해할 수 있도록 단순하게 표현되어야 하고 의미가 뚜렷이 담겨야 한다. | ☐ |

| 국제표준화기구(ISO)에서는 나라별로 다르게 사용해 온 픽토그램의 국제 표준화 작업을 하고 있다. | ☐ |

▶ 픽토그램에서 각 색깔이 의미하는 것을 알맞게 선으로 이으세요.

파랑	•	•	지시
노랑	•	•	안전
초록	•	•	주의

활동 제시된 픽토그램을 참고하여 안전사고 예방 안내 픽토그램을 만들어 보세요.

복도에서 뛰지 맙시다

밀지 맙시다

공식적으로 정해진 픽토그램이 있대요

• 화장실, 식당, 지하철, 버스정류장 등의 픽토그램은 우리나라에서 정한 기준에 맞추어 사용하고 있다.
• 국제 올림픽 경기대회 종목을 의미하는 픽토그램은 국제표준으로 정해져 있기 때문에 필요한 기준에 맞추어 스포츠 종목을 표현해야 한다.

2 블로그를 읽고 생각이나 느낌 쓰기

문익점과 목화씨

추운 겨울이 되면 사람들은 솜을 넣은 옷을 입어요. 언제부터 옷 속에 솜을 넣어 입을 수 있게 되었을까요? 고려 시대 목화씨를 들여와 백성들이 솜옷을 입을 수 있도록 한 문익점 이야기가 담긴 블로그를 읽고, 생각이나 느낌을 써 보세요.

🏠 공부하는 역사 지킴이의 블로그 × ∨ — 🗗 ✕

← → C ⬆☆ 👤 ⋮

내 블로그 | 이웃 블로그 | 블로그 홈 | 로그인 | ▦

블로그 🔊 | 메모 | 안부

목화씨를 들여온 문익점

 공부하는 역사 지킴이 2000. 04. 11 17:43 URL 복사

문익점은 고려의 학자로 서른 살이 되던 해에 과거 시험에 합격했으며 그 뒤에 사신으로 뽑혀 중국 원나라(현재 몽골)에 가게 되었다.

당시 고려에는 목화가 없었기 때문에 백성들은 대부분 추운 겨울에도 삼베로 만든 옷을 입어야 했다.

원나라의 넓은 들판에 핀 목화를 보며 문익점은 어떻게든 목화씨를 고려로 가지고 가야겠다고 결심했다.

고향인 산청으로 돌아온 문익점은 장인인 정천익과 함께 목화씨를 정성껏 심었고, 마침내 목화나무 한 그루를 재배하는 데 성공했다. 그러나 목화에서 어떻게 실을 뽑아야 하는지는 미처 알지 못했다.

문익점이 안타까워하고 있을 때, 우연히 문익점의 목화나무를 보게 된 중국 승려가 목화에서 실을 뽑는 방법과 실을 뽑는 기구인 물레를 만드는 방법을 알려 주었다. 그 후 문익점과 그의 장인은 목화로 베 짜는 기술을 연구하였고, 그의 손자는 목화에서 실을 뽑아내는 기구인 물레를 만들었다.

이후 목화 재배가 전국적으로 확대되면서 백성들은 추운 겨울에 무명베로 솜옷을 만들어 입고, 따뜻한 겨울을 보낼 수 있게 되었다.

▲ 어린 목화 식물

▲ 활짝 핀 목화

▲ 물레

#문익점 #목화씨 #물레 #고려시대 #원나라

확인 이 내용이 담긴 디지털 매체는 | ㅂ | ㄹ | ㄱ | 이다.

▶ 문익점이 원나라에서 고려로 들여온 것은 무엇인지 알맞은 것에 ○표를 하세요.

| 옷 | 목화씨 | 버선 |

▶ 블로그에서 소개한 문익점이 한 일이 <u>아닌</u> 것의 기호를 쓰세요.

> ㉮ 원나라에서 목화씨를 들여왔다.
> ㉯ 솜옷을 만들어 백성들에게 저렴한 가격에 팔았다.
> ㉰ 목화를 재배하고, 목화로 베 짜는 기술을 연구했다.

활동 제시된 것을 참고하여 블로그를 읽고 생각이나 느낌을 메모장에 써 보세요.

목화에서 실을 뽑는 연구까지 한 것을 보니 문익점의 의지가 대단하다.

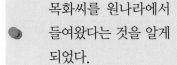

목화씨를 원나라에서 들여왔다는 것을 알게 되었다.

목화로 솜만 만드나요? | 아니다. 씨로는 기름을 짠다. 목화는 아욱과의 한해살이풀로, 잔털이 있고 곧게 자라면서 가지가 갈라진다. 겉껍질 세포가 흰색의 털 모양 섬유로 변하는데, 이 것을 모아 솜을 만든다. 그리고 이 섬유로 짠 직물을 '면'이라고 한다.

3회
과학

1 인터넷 게시판의 댓글 고쳐 쓰기

나라를 상징하는 동물

민형이네 반에서는 나라를 상징하는 동물을 모둠별로 조사하여 학급 게시판에 쓰는 과제가 있었어요. 모둠장이 올린 학급 게시판의 댓글을 읽고 잘못 쓴 글을 고쳐 써 보세요.

🏠 ○○초등학교 게시판　　　　　　　　　🔍 ⋮

[과학 과제] 나라를 상징하는 동물

작성자 황현태　작성일 20○○. 10.13　10:40　　　　　조회 10 📤 [인쇄]

과학 시간에 정한 모둠별로 나라를 상징하는 동물에 대해 조사한 내용을 간단히 정리하여 모둠장이 댓글로 써 주세요.

1모둠: 미국을 상징하는 동물
2모둠: 중국을 상징하는 동물
3모둠: 호주를 상징하는 동물

❤ 공감 5 │ ∨　　💬 댓글 3 │ ∧

ㄴ **박민형**
　1모둠장 박민형입니다. 저희 모둠은 미국을 상징하는 동물에 대해 조사하였습니다. 미국을 상징하는 동물은 흰머리 수리였습니다. 수리는 몸이 크고 힘이 세며, 크고 끝이 굽은 부리와 굵고 날카로운 발톱이 있습니다. 미국 원주민인 인디언들이 신성한 동물로 여겼기 때문에 미국을 상징하는 동물이 되었다고 합니다.

ㄴ **현진우**
　3모둠장 현진우입니다. 저희 모둠이 조사한 것은 호주를 상징하는 동물이었는데요, 캥거루입니다. 제가 좋아하는 동물이에요. 캥거루는 권투하는 모습으로 아기 캥거루를 주머니에 넣고 다녀요. 다리 힘도 센 거 같아요. 저희 모둠원들이 좋아하는 동물에는 코알라도 있었어요.

ㄴ **이윤서**
　2모둠장 이윤서입니다. 저희 모둠에서는 중국을 상징하는 동물을 조사하였습니다. 이웃 나라인 중국을 상징하는 동물은 귀여운 판다입니다. 빽빽하고 부드러운 털과 넓적한 이빨이 있으며, 나무를 재빨리 기어오르는 판다는 주로 산간이나 고지대에 삽니다. 판다는 세계 멸종 위기 동물로 지정되어 중국에서도 보호하려고 노력하고 있다고 합니다.

확인 이 내용이 담긴 디지털 매체는 ⬚ ⬚ ⬚ 게시판이다.

50　디지털독해가 문해력이다

▶ 민형이네 학급 게시판 댓글에 쓸 과제의 주제로 알맞은 것에 ○표를 하세요.

> 나라를 상징하는 국기

> 나라를 상징하는 동물

▶ 3모둠장인 진우가 쓴 댓글의 잘못된 점은 무엇인지 기호를 모두 쓰세요.

> ㉮ 개인적인 생각을 중심으로 썼다.
> ㉯ 호주를 상징하는 동물을 쓰지 않았다.
> ㉰ 게시판에 써야 하는 주제와 상관없는 내용을 썼다.

활동 3모둠장이 되어 잘못 쓴 댓글을 고쳐 써 보세요.

> 바꾸기 전

> 3모둠장 현진우입니다. 저희 모둠이 조사한 것은 호주를 상징하는 동물이었는데요, 캥거루입니다. 제가 좋아하는 동물이에요. 캥거루는 권투하는 모습으로 아기 캥거루를 주머니에 넣고 다녀요. 다리 힘도 센 거 같아요. 저희 모둠원들이 좋아하는 동물에는 코알라도 있었어요.

> 바꾼 후

나라를 상징하는 동물을 알아보아요

· 캐나다: 비버. 몸의 길이는 60~70cm의 갈색 빛깔의 새끼를 낳는 동물이다. 꼬리는 넓고 편평하며 비늘로 덮여 있다.
· 태국: 코끼리. 육지에 사는 동물 가운데 가장 큰 동물로 새끼를 낳는다. 살가죽은 두껍고 털이 거의 없으며 긴 코와 상아라고 하는 긴 앞니가 두 개 있다.

② 블로그를 읽고 마인드맵으로 정리하기

설

나라마다 고유의 풍습이 있어요.
우리나라에도 여러 가지 세시 풍속이 있는데 설은 새로운 한 해를 맞이하는 첫날이에요. 블로그를 읽고 설에 대해 마인드맵으로 정리해 보세요.

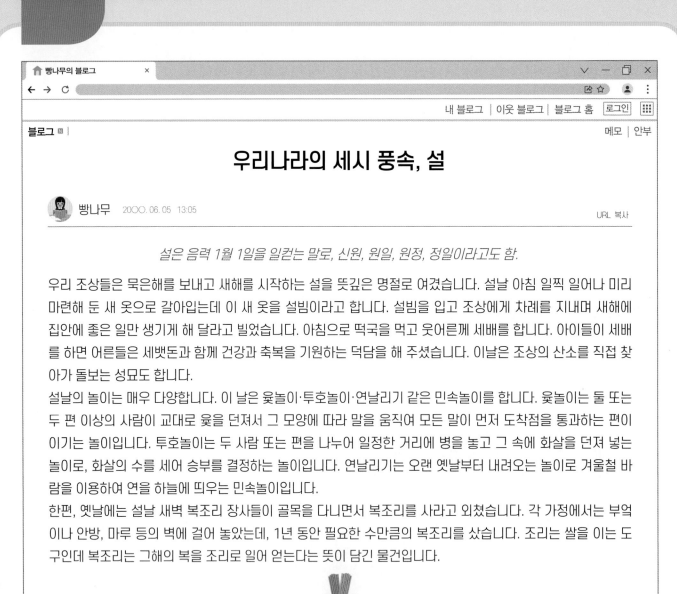

🏠 빵나무의 블로그 ✕

← → C

내 블로그 | 이웃 블로그 | 블로그 홈 [로그인] ⊞

블로그 🔟 | 메모 | 안부

우리나라의 세시 풍속, 설

👤 빵나무   2000. 06. 05   13:05   URL 복사

설은 음력 1월 1일을 일컫는 말로, 신원, 원일, 원정, 정일이라고도 함.

우리 조상들은 묵은해를 보내고 새해를 시작하는 설을 뜻깊은 명절로 여겼습니다. 설날 아침 일찍 일어나 미리 마련해 둔 새 옷으로 갈아입는데 이 새 옷을 설빔이라고 합니다. 설빔을 입고 조상에게 차례를 지내며 새해에 집안에 좋은 일만 생기게 해 달라고 빌었습니다. 아침으로 떡국을 먹고 웃어른께 세배를 합니다. 아이들이 세배를 하면 어른들은 세뱃돈과 함께 건강과 축복을 기원하는 덕담을 해 주셨습니다. 이날은 조상의 산소를 직접 찾아가 돌보는 성묘도 합니다.

설날의 놀이는 매우 다양합니다. 이 날은 윷놀이·투호놀이·연날리기 같은 민속놀이를 합니다. 윷놀이는 둘 또는 두 편 이상의 사람이 교대로 윷을 던져서 그 모양에 따라 말을 움직여 모든 말이 먼저 도착점을 통과하는 편이 이기는 놀이입니다. 투호놀이는 두 사람 또는 편을 나누어 일정한 거리에 병을 놓고 그 속에 화살을 던져 넣는 놀이로, 화살의 수를 세어 승부를 결정하는 놀이입니다. 연날리기는 오랜 옛날부터 내려오는 놀이로 겨울철 바람을 이용하여 연을 하늘에 띄우는 민속놀이입니다.

한편, 옛날에는 설날 새벽 복조리 장사들이 골목을 다니면서 복조리를 사라고 외쳤습니다. 각 가정에서는 부엌이나 안방, 마루 등의 벽에 걸어 놓았는데, 1년 동안 필요한 수만큼의 복조리를 샀습니다. 조리는 쌀을 이는 도구인데 복조리는 그해의 복을 조리로 일어 얻는다는 뜻이 담긴 물건입니다.

▲ 복조리

#설 #세시풍속 #명절 #성묘 #설빔 #세배 #복조리

[확인] 이 내용이 담긴 디지털 매체는 [ㅂ] [ㄹ] [ㄱ] 이다.

▶ 알맞은 것에 ○표를 하세요.

| 우리나라의 명절을 지키자고 주장하는 글이다. | □ |
| 우리나라의 명절인 설에 대한 설명하는 글이다. | □ |

▶ 이 글에서 사용한 매체의 특징은 무엇인지 골라 기호를 쓰세요.

> ㉮ 사진과 간단한 사진 설명을 쓴다.
> ㉯ 사진과 동영상을 활용할 수 있다.
> ㉰ 상대와 실시간으로 대화를 할 수 있다.

활동 블로그를 다시 읽고 설에 대해 마인드맵으로 정리해 보세요.

뜻
- 음력 1월 1일을 말함.
- 신원, 원일, 원정, 정일이라고도 함.

하는 일

놀이

옛날의 설 풍습

복조리 사서
걸어 두기

설

블로그가 궁금해요
- 자신의 관심 있는 분야에 따라 일기, 기사 등 여러 가지 글을 자유롭게 쓸 수 있다.
- 사진과 동영상을 활용하여 글을 쓸 수 있다.
- 내가 쓰려는 글의 키워드를 보여 줄 수 있다.
- 혼자 이용하기도 하지만 홍보에 활용할 수도 있다.

1 인터넷 게시판을 읽고 댓글 쓰기

타조와 치타, 누가 더 빠를까?

동물을 좋아하는 원준이는 장래 희망이 수의사예요. 그래서 동물에 대한 책도 많이 읽고, 동물원에도 자주 가요. 인터넷에서 빠른 동물을 검색하다가 타조와 치타에 대한 글을 찾았어요. 인터넷 게시판을 읽고 생각이나 느낌을 댓글로 써 보세요.

자유 게시판

🏠 참여 소통 > 열린 게시판 > 자유 게시판   인쇄

동물 올림픽에서 달리기를 하면 금메달은 치타와 타조 중 누구?

작성자: 관리자 | 작성일: 20〇〇-09-09 10:40 | 댓글 3 | 조회수 79

고양이와 비슷하게 생긴 치타는 몸의 길이가 1.5미터 정도이고 네 다리가 가늘고 길며, 회색 또는 갈색 바탕의 몸에 검은색 둥근 점무늬가 많은 동물이야. 동물원에서 볼 수 있고, 텔레비전 다큐멘터리 방송에서 아프리카를 배경으로 뛰는 모습을 본 적도 있을 거야.

새끼를 낳는 동물인 포유류 중에서 가장 걸음이 빠른데, 달리는 속도가 시속 112km 정도나 된대. 그런데 신기하게도 치타가 짧은 거리는 빨리 뛸 수 있지만 200미터 이상의 거리는 잘 뛰지 못한다고 해.

그러면 치타와 경쟁하는 타조는 어떨까?

타조는 키가 2~2.5미터인 새야. 수컷과 암컷의 색깔이 다른데 수컷은 검은색이고 암컷은 갈색이야. 머리가 작고 다리와 목이 긴 타조는 새이긴 하지만 날개가 작아서 날지는 못해. 하지만 새 중에서 가장 크지. 무엇보다 다리가 튼튼하여 빨리 달리는데, 최고 속도가 시속 90km 정도라고 해. 게다가 500미터 이상의 거리를 같은 속도로 뛸 수가 있대.

올림픽에 비유하여 말하자면, 100미터 달리기에서는 치타가 금메달, 타조가 은메달을 딸 거야. 하지만 500미터 달리기에서는 타조가 금메달, 치타가 은메달을 딸 수 있다는 거지.

그럼, 타조는 새인데 어떻게 달리기를 잘하는 걸까?

과학자의 연구에 의하면 타조는 두 개의 슬개골을 가지고 있기 때문이래. 슬개골이란 무릎 앞쪽 한가운데 있는 작은 종지 모양의 오목한 뼈를 말해. 무릎 인대로 둘러싸여 있으며, 무릎 관절을 보호하는 역할을 하는 거래. 어때? 놀랍지 않니? 알수록 놀라운 게 동물의 세계인거 같아.

♥ 공감 15 | ∨   💬 댓글 3 | ∧

확인 이 내용이 담긴 디지털 매체는 | ㅇ | ㅌ | ㄴ | ㄱ | ㅅ | ㅍ |이다.

▶ 100미터를 더 빨리 달리는 동물은 무엇인지 ○표를 하세요.

 타조

 치타

▶ 인터넷 게시판의 내용으로 알맞은 것을 모두 골라 기호를 쓰세요.

> ㉮ 치타는 수컷과 암컷의 색깔이 다르다.
>
> ㉯ 치타는 새끼를 낳는 동물 중에서 가장 걸음이 빠르다.
>
> ㉰ 타조가 잘 달리는 까닭은 두 개의 슬개골이 있기 때문이다.
>
> ㉱ 타조는 고양이와 비슷하게 생겼으며, 갈색 바탕의 몸에 검은색 둥근 점무늬가 많은 동물이다.

활동 인터넷 게시판을 다시 읽고 생각이나 느낌을 댓글로 써 보세요.

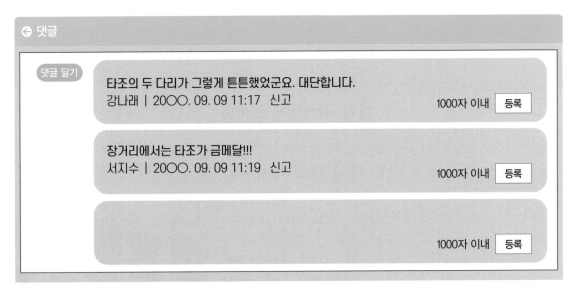

댓글이 뭐예요?

· 인터넷에 오른 글에 대해 짧게 쓰는 글이다.

· 글에 대한 자신의 생각을 표현할 수 있다.

· 댓글을 통해 의견을 주고받을 수 있으며 토론을 할 수도 있다.

· 여러 사람과 의견을 공유할 수 있다.

2 인터넷 뉴스를 읽고 온라인 대화 하기

우리나라의 발효 식품

4회
문화

한국의 대표 발효 식품인 김치가 전 세계에서 큰 인기를 끌고 있대요.
인터넷 뉴스를 읽고 온라인 대화방에서 외국인 친구에게 한국의 발효 식품에 대해 소개해 보세요.

NEWS | 과학 | 정치 | 스포츠 | TV연예 | 날씨   + ✉ ▦

[발효 과학 시리즈]

2000-01-11 11:11:00 | 조회 112

암을 억제하는 효과가 있는 콩 발효 식품

▲ 청국장   ▲ 낫또

[박소현 기자] 최근 암 환자가 많아지면서 암을 이겨 내는 식품에 대한 관심 또한 높아지는 가운데 콩 발효 식품이 항암 식품으로 주목을 받고 있다. 한·중·일의 콩 발효 식품인 청국장, 물두시, 낫또의 암 예방 가능성과 암세포가 퍼지는 것을 막는 효과를 분석한 결과 우리나라의 청국장이 암을 이겨 내는 효과가 가장 뛰어난 것으로 밝혀졌다. 한편, 우리나라의 발효 식품인 김치, 된장, 청국장 등은 면역력에 좋은 식품으로 세계 여러 나라의 관심을 받고 있다.

김치, 반찬에서 요리로

[양희 기자] 최근 우리나라의 대표적인 발효 식품인 김치가 코로나19 증상을 약하게 만드는 데 도움이 된다는 연구 결과가 발표되면서 주목받고 있다. 김치가 다시 조명을 받는 것은 해외에서 한국 문화에 대한 관심이 높아지고, 김치를 건강식품으로 여기면서 찾는 사람이 늘고 있기 때문이다.

또 김치 샌드위치, 김치 피자 등으로 김치가 젊은 세대와 세계인의 입맛에 맞게 다양하게 활용되면서 반찬 이미지에서 벗어나 요리나 간식으로 거듭나고 있다.

김치의 인기는 수출로도 이어지고 있다. 농림축산식품부에 따르면 2021년 현재 김치 수출액은 작년 같은 시기에 비해 17%나 증가했다. 이런 식으로 점점 늘게 되면 지난해 김치 수출액을 또다시 뛰어넘을 것으로 보고 있다.

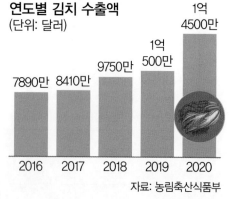

연도별 김치 수출액
(단위: 달러)

7890만 | 8410만 | 9750만 | 1억 500만 | 1억 4500만
2016 | 2017 | 2018 | 2019 | 2020

자료: 농림축산식품부

확인 이 내용이 담긴 디지털 매체는 인터넷 [ㄴ][ㅅ]이다.

▶ 인터넷 뉴스의 기삿거리는 무엇인지 알맞은 것에 ○표 하세요.

발효 식품   가공식품

▶ 인터넷 뉴스를 읽고 정리한 내용이에요. 빈칸에 들어갈 알맞은 말에 ○표를 하세요.

- 암 세포가 퍼지는 것을 막는 효과가 가장 높은 식품은 (청국장 , 물두시 , 낫또)이다.
- 김치가 코로나19 증상을 약하게 만드는 데 도움이 된다는 연구 결과가 발표되는 등 건강식
  품으로 널리 알려지면서 김치의 수출이 (줄어들고 , 늘어나고) 있다.

활동 인터넷 뉴스 내용을 바탕으로 온라인 대화방에서 같은 반에 있는 외국인 친구에게 한국의
전통 발효 식품에 대해 소개해 보세요.

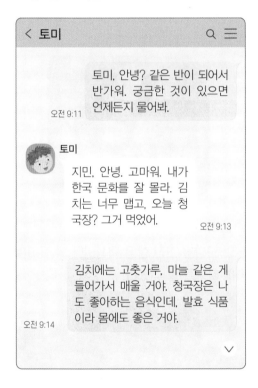

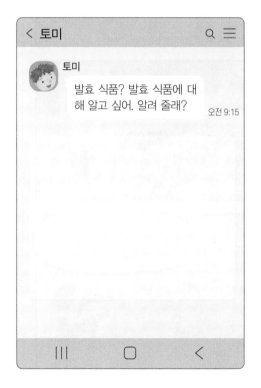

발효 식품이 뭐예요?

- 발효 식품은 곰팡이, 세균 같은 미생물이 음식 재료를 분해시켜, 원래 재료에
  는 없던 영양분과 맛이 생긴 식품이다.
- 우리나라의 발효 식품에는 간장, 된장, 고추장, 청국장 같은 전통 장류와 김치,
  젓갈, 술, 식초 등이 있으며, 외국의 발효 식품에는 치즈, 요구르트 등이 있다.

1 웹툰과 인터넷 백과사전을 읽고 광고 만들기

미래의 교통수단

우리가 공상 만화 영화에서나 보던 미래형 교통수단이 여러 곳에서 연구 중이에요. 최근에는 나라마다 미래형 교통수단을 개발하고 있다고 해요. 웹툰과 인터넷 백과사전을 읽고 미래의 교통수단에 대해 알아보고 광고를 만들어 보세요.

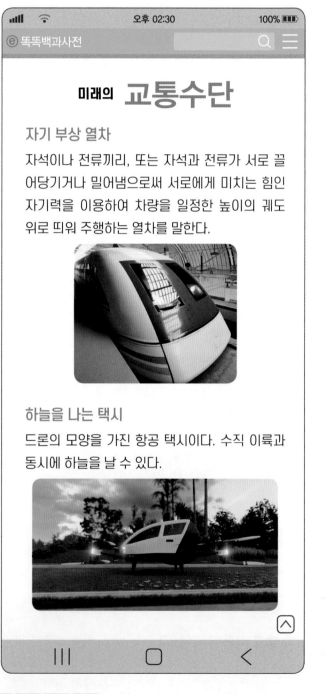

확인 이 내용이 담긴 디지털 매체는 ☐☐ 과 인터넷 ☐☐☐☐ 이다.

오후 03:30 100% 💷

ⓔ 똑똑백과사전 🔍 ☰

하이퍼루프

2013년 테슬라 모터스의 최고 경영자인 일론 머스크가 테슬라 모터스 블로그에 하이퍼루프에 대한 아이디어를 공개한 뒤 전 세계의 많은 기업에서 하이퍼루프를 개발하고 있다.

일정한 공간에 공기 등의 물질이 없는 것을 진공이라고 하는데, 진공 상태에서 열차가 달리게 되면 매우 빠르게 달릴 수 있다. 하이퍼루프는 이렇게 진공 상태의 긴 튜브 안을 달리도록 만든 캡슐 모양의 열차를 말한다.

하이퍼루프는 현재 이용되는 열차는 물론이고 비행기보다 빠를 것으로 예상하고 있다.

〈장점〉

• 속도가 더 빠르다.
• 비용이 더 저렴하다.
• 날씨에 영향을 받지 않는다.
• 환경 오염 물질이 배출되지 않는다.
• 지진이 일어나도 큰 피해가 없다.
• 경로 근처에 사람이 있어도 불편하지 않다.

트램이 뭐예요?

• 도로의 일부에 설치한 레일 위를 운행하는 전차이다.
• 전기로 운행하는 친환경 교통수단으로 공해가 발생하지 않는다.
• 좁은 도로에서는 교통 혼잡이 발생한다.
• 유럽이나 홍콩 등에서 볼 수 있다.

▶ 웹툰에서 이야기하고 있는 주제는 무엇인지 ○표를 하세요.

| 과거의 교통수단 | 현재의 교통수단 | 미래의 교통수단 |

▶ 웹툰과 인터넷 백과사전을 읽고 알 수 있는 미래의 교통수단에 대한 설명으로 알맞지 <u>않은</u> 것의 기호를 쓰세요.

> ㉮ 자기 부상 열차는 자기력을 이용하여 움직인다.
> ㉯ 공상 만화 영화에 나오는 교통수단은 만들 수가 없다.
> ㉰ 드론의 특성을 이용해 하늘을 나는 택시도 자주 보게 될 것이다.
> ㉱ 미래에는 에너지 부족과 환경을 고려한 여러 가지 교통수단이 등장할 것이다.

활동 1 인터넷 백과사전을 바탕으로 온라인 대화방에 하이퍼루프에 대해 설명하는 내용을 간단히 써 보세요.

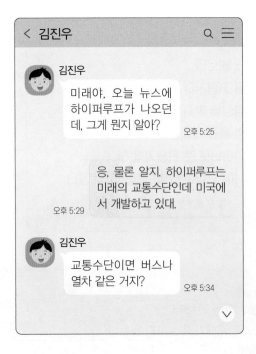

활동 2 우리나라의 미래형 교통수단인 하이퍼튜브를 광고하려고 합니다. 광고 제목을 정해 보세요.

이름	하이퍼튜브

특징	• 비행기보다 빠르다. • 친환경 교통수단이다. • 날씨에 영향을 받지 않는다.

광고 제목	

활동 3 다음은 미래형 자동차를 알리는 광고입니다. 이 광고를 참고하여 우리나라의 미래형 교통수단인 하이퍼튜브 광고를 만들어 보세요

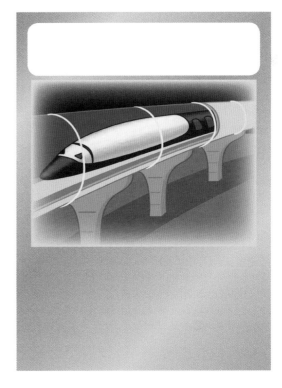

2 온라인 대화방에서 투표하고 까닭 쓰기

짝을 바꾸는 방법

영주네 반은 짝을 바꾸어야 할 때가 되었어요. 선생님은 단체 이야기방에서 반 친구들에게 짝을 바꾸는 방법에 대해 자유롭게 이야기하고 투표로 짝을 바꾸는 방법을 정하자고 하시네요. 어떻게 바꾸는 것이 좋을지 투표하고 그 까닭을 말해 보세요.

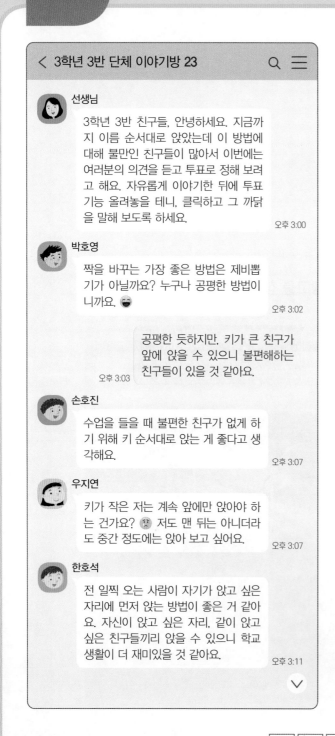

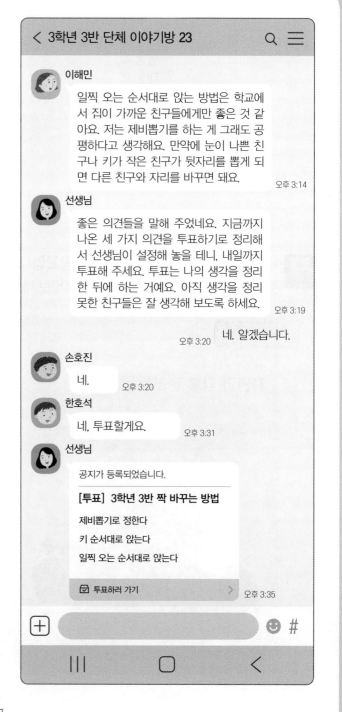

확인 이 내용이 담긴 디지털 매체는 온라인 ㄷ ㅎ ㅂ 이다.

▶ 3학년 3반 단체 이야기방에서는 무엇에 대해 이야기를 나누었는지 ○표를 하세요.

| 짝을 정하는 방법 | | 짝과 사이좋게 지내는 방법 |

▶ 다음 의견과 의견을 낸 사람을 알맞게 선으로 이으세요.

| 키 순서대로 앉는 것이 좋다. | • | • | 박호영 |

| 제비뽑기로 정해 앉는 것이 공평하다. | • | • | 손호진 |

활동 김영주가 투표한 것을 참고하여 짝을 정하는 방법을 투표하고 그렇게 투표한 까닭을 써 보세요.

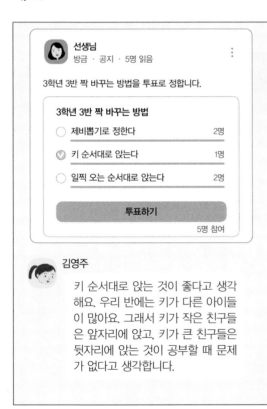

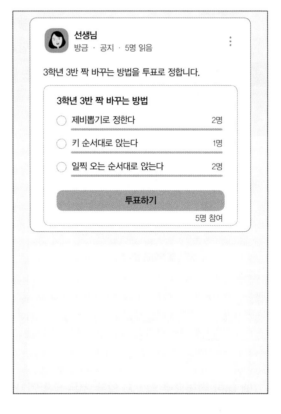

온라인 단체 이야기방이 뭐예요?

• 세 명 이상이 함께 필요한 정보를 나누거나 여러 친구들과 대화하기 위해 사용하는 온라인 대화방이다.
• 단체 이야기방에서 대화를 나눌 때는 다른 사람에게 상처 주지 않도록 인터넷 예절을 지켜야 한다.

1 다음과 같은 매체를 무엇이라고 하나요? (   )

① 웹툰
② 광고
③ 블로그
④ 인터넷 게시판
⑤ 인터넷 백과사전

2 다음과 같이 축제를 알리는 광고를 만들 때 들어갈 내용이 <u>아닌</u> 것은 무엇인가요? (   )

① 축제가 열리는 때
② 축제가 열리는 곳
③ 축제에서 하는 행사
④ 축제의 특징이 담긴 제목
⑤ 축제에 참가하는 사람들의 수

3 다음 매체에서 소개한 사람은 누구인지 쓰세요.

(   )

4 블로그에 대한 설명으로 알맞지 <u>않은</u> 것은 무엇인가요? (   )

① 혼자 이용하기도 한다.
② 홍보에 활용할 수 있다.
③ 사진과 동영상을 활용하여 글을 쓸 수 있다.
④ 내가 쓰려는 글의 키워드를 보여 줄 수 있다.
⑤ 세 명 이상이 동시에 대화할 수 있는 매체이다.

확인 문제 »

5 다음 빈칸에 알맞은 말을 쓰세요.

> 인터넷에 오른 글에 대해 짧게 답하여 쓰는 글을 (   )이라고 한다.

6 이 인터넷 뉴스에 대해 잘못 말한 친구의 이름을 쓰세요.

> 민주: 첫 번째 기사에는 글과 함께 사진 자료가 있어서 내용 이해에 도움이 되는 돼.
>
> 현성: 두 번째 기사에 나온 그래프 자료는 내용 이해에 방해가 되어 없는 게 나은 거 같아.

(   )

7 다음은 투표가 가능한 매체입니다. 이 매체는 무엇인지 여섯 글자로 쓰세요.

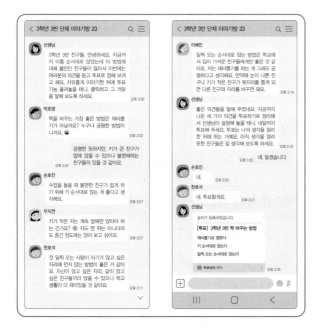

(   )

인터넷 글을 베끼다가 들켰어요

그날 저녁, 소진이는 숙제를 안 했다는 걸 뒤늦게 깨달았어요. 시계를 보니 벌써 9시 반. 막상 숙제를 꺼내 놓고 보니 생각보다 양이 너무 많았어요. 마음이 급해서 더 집중을 할 수 없었어요. 어느덧 시간은 11시. 소진이의 눈에는 아직도 숙제가 산더미처럼 쌓여 있는 것처럼 보였지요. 마음이 급해진 소진이는 스마트폰으로 인터넷에 연결했어요.

'엇, 이거?'

자기랑 같은 3학년 학생들이 숙제에 대한 정답을 알려달라는 내용의 인터넷 게시판 아래에 여러 사람들의 댓글이 다닥다닥 달려 있었지요.

'와, 이거면 되잖아? 지금 시간도 없는데 힘들게 숙제할 필요가 있어?'

소진은 인터넷 게시판에 달린 댓글들을 쭈욱쭉 베껴 쓰기 시작했어요.

"여소진! 너 지금 뭐 하는 거니?"

엄마의 불호령에 놀란 소진이는 얼른 공책을 덮었지만, 엄마의 날카로운 눈길은 피할 수 없었어요. 엄마가 공책의 내용과 스마트폰 창에 뜬 인터넷 게시판의 댓글을 살펴봤지요.

"너 지금 인터넷에 있는 글을 베끼는 거니?"

"엄마, 잘못했어요. 숙제를 다 못 할 것 같아서 그랬어요."

소진이가 울먹거리며 말했어요.

"소진아, 숙제는 네가 해야 하는 거야. 남의 글을 베끼는 것은 잘못된 일인지 너도 잘 알잖니? 네가 노력은 하나도 안 하고 거저 얻으려고 하는 것은 잘못된 일이야."

엄마가 조금 가라앉은 목소리로 말했어요. 소진이는 울먹이며 고개만 푹 수그리고 있었어요.

"게다가 글이나 그림, 음악 등에는 모두 저작권이 있단다. 네가 시간과 노력을 들여 만들어낸 것을 다른 사람이 마구 갖다 쓴다고 생각해 봐. 얼마나 속상하겠니? 그러니까 인터넷에서 글이나 노래, 그림 등을 함부로 베껴 쓰면 안 돼. 만약 가져다 쓰려면 누구의 것인지 출처를 분명히 밝혀야 하고. 안 그러면 벌을 받을 수도 있어."

소진이는 벌을 받을 수도 있다는 소리에 놀라 엄마를 쳐다보았어요.

"정말이요?"

"그럼, 정말이지. 공짜로 쓰고 싶다고 노래나 영화 등을 무조건 내려받는 것도 잘못된 일이라 벌 받는단다."

소진이는 오늘 새로운 사실을 알았어요. 얼마 전에 앵별그램에서 노래를 무료로 내려받았는데, 그것도 벌을 받을까 봐 걱정됐지요.

토요일, 소진이는 발표 준비를 위해 책을 빌리러 도서관에 간다고 말했어요. 그리고 이렇게 덧붙였지요.

"엄마, 저는 정말 발표가 싫어요. 발표하는 그날만 달력에서 없어졌으면 좋겠어요. 아니면 제가 세상에서 사라지든지……."

"소진아, 도대체 그게 무슨 말이니?"

"엄마, 저는 세상에서 발표가 제일 싫어요. 발표하러 나가면 다리가 후들거리고 떨려서 말도 잘 못한다고요."

그러면서 소진이는 지난 과학 시간에 있었던 일을 털어 놓았어요. 말도 제대로 못했으며, 그날 자기는 너무 부끄러워서 학교에서 도망치고 싶었다고요. 그 말을 듣고 엄마는 소진이의 손을 꼭 잡아주었어요.

"우리 소진이에게 그런 일이 있었는지 전혀 몰랐구나. 집에서는 말도 곧잘 해서 발표하는 데 그렇게 어려움을 겪는지는 몰랐네."

엄마가 미안한 표정을 지으며 말했어요.

"저도 왜 그런지는 잘 모르겠어요. 발표할 때는 제가 바보 같아요."

엄마는 잠시 생각에 잠기셨어요.

"소진아, 너무 걱정 말고. 네가 도서관에 가서 자료를 찾는 동안 엄마는 네가 어떻게 하면 발표를 잘할 수 있을지 방법을 생각해 볼게."

엄마가 도와주신다고 하니, 소진이는 한결 마음이 편해졌어요. 소진이가 도서관에서 빌린 책을 한가득 들고 집으로 돌아왔어요.

"이제 엄마랑 역사 인물 중에서 누구를 발표 주제로 정할지 얘기해 보자"

두 사람은 나란히 앉아 책을 넘기면서 인물들을 살폈어요.

"엄마, 사실 역사 인물은 너무 많잖아요. 도대체 누구로 정해야 할지 잘 모르겠어요."

"엄마는 네가 평소에 관심 있었던 사람을 역사 인물로 정하면 좋을 것 같다는 생각이 들어."

그때 마침 텔레비전에서 일제 강점기 때 인물이 주인공인 영화가 나오고 있었어요. 그걸 잠깐 지켜보던 소진이의 눈이 반짝였어요.

"엄마, 저거예요! 저는 어릴 때부터 유관순 언니를 좋아했잖아요. 유관순 언니를 역사 인물로 정하고 싶어요!"

소진이가 손뼉을 치며 흥분하며 말했어요.

"이번 기회에 유관순 열사의 고향에 한번 가 보는 건 어떨까? 그러면 더욱 생생하게 발표를 할 수 있을 것 같은데."

엄마의 말씀에 소진이는 기뻐했어요. 소진이는 늘 책을 보면서 유관순 언니가 태어난 곳에 가 보고 싶다고 생각했거든요. 소진이는 인터넷에서 자료를 찾아보면서 설렜답니다.

이어지는 내용은 100쪽에 >>>

"엄마, 그런데 왜 여기서 만세 운동을 했어요? 여기는 시장이잖아요?"

"소진아, 시골 장터에는 뭐가 있을까?"

"가게가 있지요, 여기처럼."

"가게가 있으면 사람들이 모이겠지? 장 보러 온 사람들이랑 놀러 나온 사람들이랑.

그리고 가게는 사람들이 잘 모이는 곳에 있겠지?"

소진이는 그제서야 아우내 장터에서 만세 운동을 벌인 까닭을 알게 되었어요.

– 가치 동화 〈발표가 제일 쉬웠어요〉 중에서 –

3 ___ 주차

1 웹툰을 읽고 하고 싶은 말 표현하기

다섯 글자로 전해요

순수네 가족은 가족 회의 시간에 서로 하고 싶은 말을 다섯 글자로 전하기로 했어요. 웹툰 〈다섯 글자로 전해요〉를 읽고 순수네 가족처럼 가족에게 하고 싶은 말을 다섯 글자로 표현해 보세요.

확인 이 내용이 담긴 디지털 매체는 ⬚ ⬚ 이다.

3
주차

▶ 웹툰에서 순수네 가족 회의의 안건은 무엇인지 ○표를 하세요.

가족에게 하고 싶은 말	☐
가족과 함께 할 수 있는 놀이	☐

▶ 다섯 글자의 말을 알맞게 바꾼 것을 찾아 선으로 이으세요.

네 방 좀 치워.	•	•	네 방을 좀 치우렴.
누가 할 소리.	•	•	둘 다 방을 좀 치우렴.
둘 다 똑같아.	•	•	나도 그 말을 하고 싶었어.

활동 순수네 가족처럼 가족에게 하고 싶은 말을 다섯 글자로 표현해 보세요.

말할 대상	하고 싶은 말

회의를 하면 좋은 점이 뭐예요?
• 여러 사람의 의견을 들을 수 있다.
• 문제에 대한 좋은 해결 방법을 찾을 수 있다.
• 혼자 해결할 수 없는 문제도 생각을 모아 해결할 수 있게 된다.

2 인터넷 백과사전을 읽고 SNS에 글 쓰기

나비를 사랑한 석주명

인터넷에서 석주명에 대해 검색해 보았어요. 다양한 정보들을 찾을 수 있었는데, 그 중에서 인물에 대한 이야기가 눈에 들어왔어요. 검색한 내용을 바탕으로 SNS에 올릴 글을 써 보세요.

← → C   ⊟ ☆ 👤 ⋮

ⓔ 똑똑백과사전   🔍   사전 소개 | 연표 ☰

나비에 미치다

석주명(1908~1950)
교사, 생물학자
곤충, 특히 나비 연구에 업적을 남김.
국립과학박물관 연구원장을 지냄.

개성 송도 고등보통학교에서 곤충을 연구하는 박물 교사 석주명은 나비를 특히 좋아하여 숲속을 헤매고 다니는 등 행동이 특이하여 괴짜 선생님으로 유명했다. 그만큼 좋아하는 것에 몰두하는 성격의 나비 연구 학자였다.

1938년 어느 날, 석주명은 영국 왕립 아시아학회로부터
"조선의 모든 나비에 대해 책을 써 주십시오."
라는 내용이 담긴 편지를 받게 되었다.
그래서 그는 이후에 수업을 뺀 모든 시간을 나비 채집에 몰두하게 된다.
사람들은 그의 모습을 보고
"무슨 몹쓸 병에 걸린 거요?"
"나비도 약이 되나요?"
라고 말을 했다. 먹고 사는 것이 우선인 사람들의 눈에는 나비는 돈도 안 되고 쓸모없는 것인데 시간 가는 줄 모르고 찾아 헤매 다니기 때문이었다.
그러나 석주명은 아무도 관심 갖지 않는 분야일수록 연구해야 하는 대상이라고 생각했다.

▲ 줄흰나비

▲ 먹부전나비

▲ 배추흰나비

확인 이 내용이 담긴 디지털 매체는 인터넷 ⬚ ⬚ ⬚ ⬚ 이다.

조선의 북쪽에 있는 백두산 천지의 줄흰나비부터 가장 남쪽에 있는 마라도의 먹부전나비까지.
전국의 나비를 쫓아다니며 석주명은 새로운 사실을 알게 되었다. 그때까지 일본 학자들이 조선의 나비
844종을 분류해 놓은 것이 기준 없이 제멋대로였다는 것이다. 배추흰나비의 날개 길이가 다른 까닭은
종이 다르다고 되어 있었는데, 사실은 변이*가 생긴 같은 종이었던 것이었다.
사실을 알아내기 위해 석주명은 나비의 길이를 재고 털을 다듬고 무늬를 세기를 몇만 번.
그는 나비 3만 마리를 관찰하여 논문 한 편을 썼다.
그리고 새로 발견한 나비들에게는 우리말 이름을 붙여 주었다.

유리창 같은 투명한 막이 있는 날개로 요란하게 나는 나비는 유리창떠들썩팔랑나비,
날개가 모시 천처럼 고운 나비는 모시나비,
날개가 새까만 나비는 굴뚝나비.

▲ 유리창떠들썩팔랑나비   ▲ 모시나비   ▲ 굴뚝나비

또 전국의 나비가 분포되어 있는 것을 지도에 표시한 나비 분포도를 500장 정리하였는데
"내가 다닌 길이 거의 거미집 모양으로 완성되어 가고 있다.
몇 해가 지나 나비 종류 수대로 붉은 선 거미집이 완성되면 이 분포 지도를 보고 여행을 떠날 것이다."
라는 말을 남겼다. 그러나 1950년 한국전쟁이 일어났는데 피난도 하지 않고 자료들을 지키던 중, 석주
명은 괴한의 총에 목숨을 잃게 된다.

나비를 사랑하여 나비와 함께했던 석주명은 갖은 고생 끝에 정리한 <조선산 나비 총목록>을 영국 왕립
학회 도서관에 한국인 최초로 도서로 남긴 업적을 만든 인물이었다.

*변이: 같은 종에서 성별이나 나이와 관계 없이 모양과 성질이 다른 개체가 존재하는 현상.

**인터넷 백과사전을 활용
하면 어떤 점이
좋은가요?**

• 사진이나 그림, 도표, 동영상 등 여러 가지 시각적인 자료가 있어서 지식이나 정
보 이해에 도움이 된다.
• 긴 글을 읽을 때보다 쉽게 이해할 수 있다.
• 정보에 대한 다양한 부가 내용을 다루고 있기 때문에 배경지식을 넓힐 수 있다.

▶ 인터넷 백과사전에서 읽은 내용을 정리해 보세요.

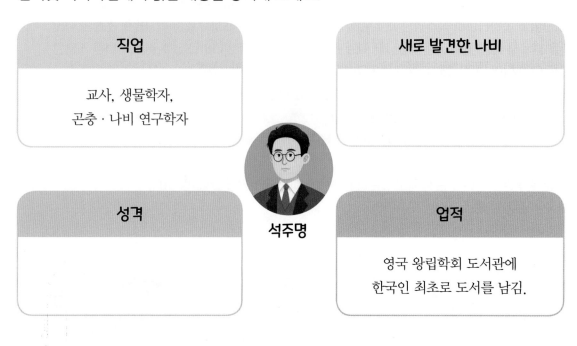

직업	새로 발견한 나비
교사, 생물학자, 곤충 · 나비 연구학자	

석주명

성격	업적
	영국 왕립학회 도서관에 한국인 최초로 도서를 남김.

▶ 석주명이 전국을 다니며 관찰한 나비의 이름을 써 보세요.

먹부전나비

굴뚝나비

활동 1 석주명처럼 나비에 재미있는 이름을 붙여 보세요.

카펫 나비

활동 2 인터넷 백과사전에서 찾은 내용을 SNS에 올리려고 합니다. 제시된 SNS를 참고하여 앞에서 정리한 내용을 바탕으로 글을 써 보세요.

@GHK_D-WJD

258 Likes

우리나라의 나비 연구에 평생을 바친 석주명.
영국 왕립학회 도서관에 한국인 최초 저서가
소장됨.
기억하자, 자랑스러운 한국인이었음을.

#석주명 #자랑스러운한국인 #나비 #영국왕립학회

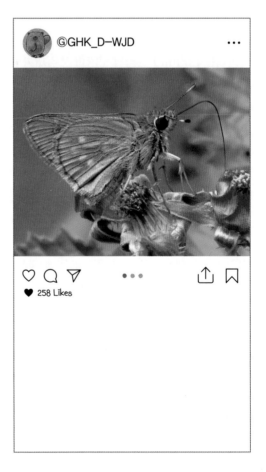

@GHK_D-WJD

258 Likes

1 블로그를 읽고 알게 된 내용 정리하기

나라마다 다른 젓가락 문화

아시아 문화에 관심이 많은 호재는 여러 가지 자료를 찾아보다가 한중일 젓가락 문화에 대한 블로그의 글을 읽었어요. 블로그의 내용을 읽고 새롭게 알게 된 내용을 정리해 보세요.

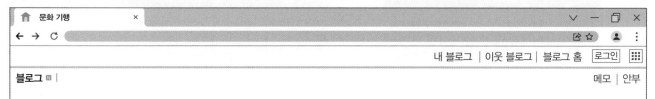

🏠 문화 기행   ✕   ∨ − ▢ ✕

← → C ⇧ ☆ ● ⋮

내 블로그 | 이웃 블로그 | 블로그 홈 [로그인] ⚏

블로그 ▣ | 메모 | 안부

나라마다 다른 젓가락 문화

 하민주   2000. 10. 10   17:33   URL 복사

우리가 밥 먹을 때마다 빠지지 않는 도구 숟가락과 젓가락!
숟가락은 밥과 국을 먹을 때 주로 쓰지만, 젓가락은 밥을 먹을 때도 여러 가지 반찬을 먹을 때도 사용한다. 이러한 숟가락과 젓가락은 나라마다 조금씩 모양과 쓰임새가 다르다.

한국의 젓가락은 일본의 젓가락보다는 길고 중국의 젓가락보다는 짧다. 그리고 두께도 중국과 일본의 것 사이다. 한국의 젓가락은 국물이 있는 음식을 잡을 때 국물이 젓가락에 스며들지 않도록 금속으로 주로 만든다.

중국의 젓가락이 긴 까닭은 식탁 가운데에 음식을 놓고 멀리 있는 음식을 덜어서 먹기 때문이다. 그리고 중국 음식은 대부분 기름지고 뜨거운 편이어서 열이 전달되지 않는 나무로 젓가락을 만들어 사용했다. 중국 젓가락의 특징은 끝부분이 뭉뚝해서 음식이 잘 미끄러지지 않게 사용할 수 있다.

섬나라인 일본은 생선과 해산물을 많이 먹기 때문에 생선의 가시나 해산물의 껍질 등을 잘 발라내기 위해 젓가락이 짧고 뾰족한 편이다. 일본도 중국처럼 나무로 된 젓가락을 주로 사용한다.

▲ 한국   ▲ 중국   ▲ 일본

확인 이 내용이 담긴 디지털 매체는 [ㅂ][ㄹ][ㄱ]이다.

▶ 호재는 블로그에서 어떤 주제의 글을 읽었는지 ○표를 하세요.

| 각 나라의 식사 예절 | □ |
| 한국, 중국, 일본의 젓가락 문화 | □ |

▶ 블로그의 내용으로 알맞은 것의 기호를 쓰세요.

> ㉮ 숟가락과 젓가락은 나라마다 모두 같다.
> ㉯ 중국의 젓가락은 끝이 뭉뚝하여 음식이 잘 미끄러지지 않는다.
> ㉰ 한국의 젓가락은 일본의 젓가락보다 짧고 중국의 젓가락보다는 길다.
> ㉱ 일본의 젓가락은 생선의 가시나 해산물의 껍질을 발라내기 위해 끝이 뾰족한 편이다.

활동 블로그를 읽고 새롭게 알게 된 내용을 정리해 보세요.

새롭게 알게 된 점	새롭게 알게 된 점
중국의 젓가락이 긴 까닭은 식탁 가운데 있는 음식을 덜어 먹기 위해서라는 것을 새롭게 알게 되었다.	

**젓가락을 사용할 때의
예절을 알아보아요**

한국에서 식사 중에 젓가락을 반찬 그릇 위에 걸쳐 놓는 행동은 다른 사람에게 실례가 되며, 중국에서 밥그릇 위에 젓가락을 ×자로 놓는 행동은 상대방에게 불쾌감을 줄 수 있다. 한편, 일본에서 젓가락으로 음식 위를 휘젓는 행동은 예의에 어긋난다.

② 인터넷 백과사전을 읽고 인터넷 게시판에 답글 쓰기

물고기를 키워요

반려동물이란 사람이 정서적으로 의지하려고 가까이 두고 기르는 동물인 개, 고양이, 새 등을 말해요. 인터넷 백과사전에서 반려 물고기 키우기에 대해 알아보고 인터넷 게시판에 답글을 써 보세요.

반려 물고기를 만나러 가요

무조건 예쁜 거로 고를 거야.

나두, 나두.

집에서 기르는 물고기를 고를 때는 무엇보다 기르는 데 어렵지 않은 것을 고르는 것이 중요하단다.

네

여러 가지 반려 물고기

구피

구피는 모양과 색깔이 아름답고 키우기가 어렵지 않아 인기가 많다. 구피를 키울 때는 물의 온도가 가장 중요하다.

코리도라스

코리도라스는 그리스어로 '투구'와 '피부'가 합쳐진 말이다. 이름처럼 투구 같은 피부를 가지고 있다.

네온테트라

눈에서 꼬리까지 아름다운 파란 선이 있는 물고기이다. 튼튼하고 온순하여 기르기 쉽고 작은 물고기와 함께 키울 수도 있다.

확인 반려 물고기 키우기에 대한 정보를 찾을 수 있는 매체는 인터넷 ㅂ ㄱ ㅅ ㅈ 이다.

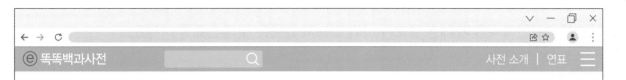

반려 물고기

반려동물 중 하나로 정서적인 안정을 위해 키우는 물고기이다. 주로 금붕어, 열대어, 비단잉어 등과 같이 보면서 즐기기 위해 기르는 관상어를 많이 선택한다.

반려 물고기 고르기

종류에 따라 환경과 먹이 등이 다르기 때문에 물고기에 대해 바르게 알고 골라야 잘 키울 수 있다.

어항 꾸미기

물고기가 살기 좋은 환경을 만들어 주어야 한다. 원래 살던 곳과 비슷하게 꾸며 주는 것이 좋다.

① 어항을 깨끗이 씻는다.
② 모래나 자갈을 어항의 바닥에 깔아 준다.
③ 수초를 넣고 기포 발생기, 온도계 등을 설치한다.
④ 2일 정도 받아 둔 수돗물을 어항에 넣는다.
⑤ 어항 속에 물고기를 넣고 먹이를 준다.

반려 물고기를 키울 때 주의할 점

먹이를 줄 때

정해진 시간에 물고기의 종류에 따라 알맞은 양을 준다. 먹이를 너무 많이 주게 되면 찌꺼기가 생겨 물이 더러워질 수 있으니 한꺼번에 다 먹을 양만 준다.

어항의 물을 갈아 줄 때

3~4일에 한 번씩 원래의 물과 새 물을 섞어 주어야 한다. 이때 새 물은 하루 정도 받아 놓은 수돗물을 사용해야 한다.

배설물이 생겼을 때

물을 갈아줄 때 큰 스포이트로 바닥에 있는 배설물을 치우면 된다.

물고기가 알을 낳았을 때

어미 물고기가 알을 잡아먹을 수 있으므로 따로 두어야 한다.

물고기의 수명이 궁금해요

물고기의 수명은 종류에 따라 다른데, 특히 몸집에 따라 다르다. 몸집이 큰 물고기는 대체로 수명이 길고, 몸집이 작은 물고기는 수명이 짧다. 송사리, 빙어, 은어는 1년 정도, 정어리는 2~3년, 고등어와 연어는 5~6년, 대구와 방어는 10년 이상, 가오리는 25년 정도를 산다.

▶ 인터넷 백과사전에 무엇에 대한 정보가 나와 있는지 알맞은 것에 ○표를 하세요.

반려 강아지	반려 물고기	반려 고양이

▶ 반려 물고기 중 키우기가 어렵지 않아 인기가 많은 것은 무엇인지 이름을 쓰세요.

구피   코리도라스   네온테트라

▶ 어항 꾸미기의 순서대로 번호를 쓰세요.

어항을 깨끗이 씻는다.	
모래나 자갈을 바닥에 깔아 준다.	
어항 속에 물고기를 넣고 사료를 준다.	
2일 정도 받아 둔 수돗물을 어항에 넣는다.	
수초를 넣고 여과기, 온도계 등을 설치한다.	

3
주차

활동 1 반려 물고기를 키울 때 주의할 점을 정리해 보세요.

먹이를 줄 때	어항의 물을 갈아 줄 때
	• 3~4일에 한 번씩 갈아 준다. • 원래의 물과 새 물을 섞어 주어야 한다. • 새 물은 하루 정도 받아 놓은 수돗물이어야 한다.
배설물이 생겼을 때	물고기가 알을 낳았을 때
• 물을 갈아 줄 때 치운다. • 큰 스포이트를 이용한다.	

활동 2 정리한 것을 바탕으로 인터넷 Q&A 게시판에 올려진 질문에 답글을 써 보세요.

똑똑In   물어보기

Q 반려 물고기로 구피를 처음 사서 걱정이 되어요. 물은 어떻게 갈아 주면 되나요? 죽을까 봐 겁이 나요.

⋮

💬 1:1

A

① 온라인 대화를 읽고 알리는 글 쓰기

어린이날 행사 준비하기

푸른 꿈 마을 주민센터에서는 어린이날 행사 준비를 위해 온라인 대화방에 마을 활동가와 초등학교 대표 학생을 초대하여 행사와 관련한 마을 회의를 열었어요. 회의 내용을 살펴보고 어린이날 행사를 알리는 글을 써 보세요.

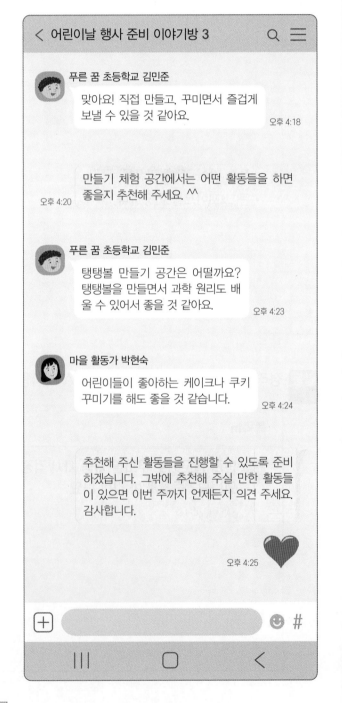

〈 어린이날 행사 준비 이야기방 3   Q ☰

안녕하세요? 이 이야기방에서 푸른 꿈 마을의 어린이날 행사를 준비하기 위해 의견을 나누려고 합니다. 서로 인사하시고 어떤 행사를 하면 좋을지 자유롭게 의견을 말해 주셨으면 합니다. 특별히 올해에는 푸른 꿈 초등학교의 학생 대표로 3학년 김민준 학생이 참여해서 의견을 주기로 했습니다.
오후 4:00

마을 활동가 박현숙
안녕하세요? 반갑습니다. 올해 행사를 크게 한다고 해서 기대하고 있습니다.
오후 4:12

푸른 꿈 초등학교 김민준
안녕하세요? 푸른 꿈 초등학교 대표로 참여한 김민준입니다. 😃
오후 4:13

마을 활동가 박현숙
어린이날 기념행사인 만큼 어린이들이 좋아할 만한 행사들로 구성하면 좋을 것 같습니다.
오후 4:16

푸른 꿈 초등학교 김민준
페이스 페인팅 행사나 포토존에서 폴라로이드 카메라로 사진 찍기가 있으면 좋겠어요. 친구들이 좋아하는 것들이라 행사장 분위기가 활기찰 것 같아요.
오후 4:16

마을 활동가 박현숙
다양한 만들기 체험 공간을 운영하는 건 어떨까요?
오후 4:17

〈 어린이날 행사 준비 이야기방 3   Q ☰

푸른 꿈 초등학교 김민준
맞아요! 직접 만들고, 꾸미면서 즐겁게 보낼 수 있을 것 같아요.
오후 4:18

만들기 체험 공간에서는 어떤 활동들을 하면 좋을지 추천해 주세요. ^^
오후 4:20

푸른 꿈 초등학교 김민준
탱탱볼 만들기 공간은 어떨까요? 탱탱볼을 만들면서 과학 원리도 배울 수 있어서 좋을 것 같아요.
오후 4:23

마을 활동가 박현숙
어린이들이 좋아하는 케이크나 쿠키 꾸미기를 해도 좋을 것 같습니다.
오후 4:24

추천해 주신 활동들을 진행할 수 있도록 준비하겠습니다. 그밖에 추천해 주실 만한 활동들이 있으면 이번 주까지 언제든지 의견 주세요. 감사합니다.
♥
오후 4:25

➕ ⬜ 😊 #

||| ○ 〈

확인 이 내용이 담긴 디지털 매체는 온라인 ⬜ㄷ ⬜ㅎ ⬜ㅂ 이다.

▶ 온라인 대화 내용으로 알맞은 것에 ○표를 하세요.

(어린이날 , 광복절) 행사를 준비하기 위해 나누는 온라인 대화이다.

▶ 어린이날 행사에서 진행할 행사의 내용으로 알맞은 것의 기호를 모두 쓰세요.

㉮ 동요 부르기 대회 열기
㉯ 다양한 만들기 체험 공간 운영하기
㉰ 포토존을 만들어 폴라로이드 카메라로 사진 찍기

활동 제시된 글을 참고하여 어린이날 행사를 알리는 글을 써 보세요.

행사를 알리는 글을 써요	• 행사의 특징이 잘 드러나도록 제목을 붙인다.
	• 행사를 하는 때와 장소를 정확하게 쓴다.
	• 행사의 내용이 잘 드러나도록 간단하게 정리하여 쓴다.
	• 행사를 누가 진행하는지 밝혀 쓴다.

2 인터넷 게시판을 읽고 댓글 쓰기

놀이터 이름을 지어 주세요

행복 마을의 낡은 놀이터가 얼마 전에 새롭게 단장을 했어요. 그래서 놀이터 이름을 새로 짓는다는 내용의 공지사항이 인터넷 게시판에 올라왔어요. 놀이터 소개가 담긴 인터넷 게시판 내용을 읽고 놀이터 이름을 생각하여 댓글로 써 보세요.

공지사항

🏠 행복 마을 > 참여 소통 > 열린 게시판 > 공지사항　　　　　

행복 마을의 놀이터 이름을 지어 주세요

작성자: 관리자 | 작성일: 20○○-09-09 10:40 | 댓글 3 | 조회수 79

안녕하세요. 행복 마을 주민센터입니다.
행복 마을 놀이터가 너무 낡아서 이번에 놀이터를 새롭게 만들었습니다.
여러 주민들이 놀이터를 새롭게 만드는 데 도움을 주셨기에 놀이터 이름도 주민 여러분의 생각을 담아 짓기로 하였습니다.
새로 만든 놀이터에는 용이 그려진 커다란 미끄럼틀이 있으며, 유니콘 모양의 흔들의자가 있습니다. 이 흔들의자의 유니콘 뿔을 누르면 신나는 노래가 나옵니다. 놀이터 입구에는 요즘 가장 인기 있는 트램플린이 있습니다. 이 트램플린은 해태 모양으로 바닥에 있어서 뛰다가 떨어질 위험이 없도록 안전하게 만들어졌습니다. 그리고 마지막으로 봉황 그네를 소개하겠습니다. 그넷줄을 특수 제작하여 살짝 밀어도 멀리 나가게 만들었습니다. 그네마다 튼튼한 안전벨트가 있어서 안전합니다.
행복 마을 주민 여러분이 자주 이용할 곳이니 직접 놀이터 이름을 주시기 바랍니다.
10월 12일까지 댓글 창에 남겨 주시면 됩니다.

♥ 공감 5 | ∨　　💬 댓글 3 | ∧

확인 이 내용이 담긴 디지털 매체는 인터넷 ┌ㄱ┐ ┌ㅅ┐ ┌ㅍ┐ 이다.

3
주차

▶ 놀이터에 있는 것을 모두 찾아 ○표를 하세요.

| 흔들의자 | 정글짐 | 트램플린 |

▶ 놀이터에 있는 놀이기구들의 특징은 무엇인지 기호를 쓰세요.

㉮ 이 세상에는 없는 상상의 동물 모습이다.
㉯ 전기를 사용하여 움직이는 기구들로 구성되었다.
㉰ 접착제를 쓰지 않고 나무로만 만들었다.

활동 인터넷 게시판을 다시 읽고 놀이터 이름을 댓글로 써 보세요.

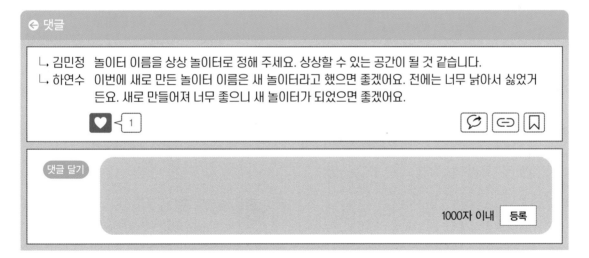

인터넷 게시판이 뭐예요?

• 게시판이란 여러 사람에게 알릴 내용을 내붙이거나 내걸어 두루 보게 붙이는 판을 뜻한다.
• 인터넷 게시판이란 인터넷상에서 여러 사람에게 알리는 글을 볼 수 있도록 하거나 자신의 글을 올릴 수도 있는 공간을 말한다.

1 온라인 대화와 인터넷 백과사전을 읽고 SNS에 글 쓰기

멸종 위기 동물을 보호하자

멸종 위기 동물에 대해 알고 있나요? 멸종 위기란 생물의 한 종류가 아주 없어질 위험한 때를 말해요. 인터넷 백과사전을 읽고 SNS에 올릴 멸종 위기 동물을 알리는 글을 써 보세요.

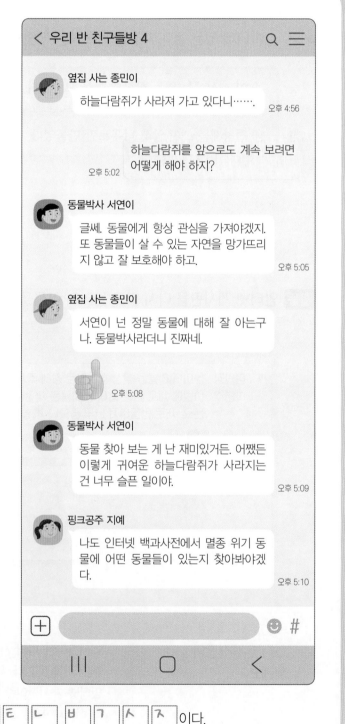

확인 이 내용이 담긴 디지털 매체는 온라인 대화방과 ⬜ ⬜ ⬜ ⬜ ⬜ ⬜ ⬜ 이다.

3
주차

오후 02:30 100% ▪▪▪

ⓔ 똑똑백과사전   🔍 ☰

반달가슴곰 곰과의 포유류

크기   몸길이 약 1.9 m
사는 곳 한국, 중국 등

온몸이 검은색이며 앞가슴에 반달 모양의 하얀 무늬가
있다. 주로 산딸기, 나뭇잎 등 식물이나 작은 물고기,
가재 등을 먹는다. 겨울에는 바위굴이나 나무 구멍에
들어가 겨울잠을 잔다.

장수하늘소 하늘솟과의 곤충

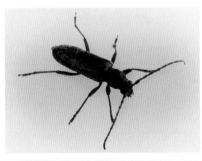

크기   몸길이 약 10 cm
사는 곳 한국, 중국 등

하늘소 중에서 몸집이 가장 큰 종류이다. 머리는 검고,
날개는 붉은 갈색이며 수컷은 큰턱이 발달했다. 몸집이
커서 날다가 나뭇가지에 부딪히는 경우가 많고, 날면서
날개를 움직일 때 날개 부딪치는 소리가 난다.

||| ◯ ＜

오후 03:30 100% ▪▪▪

ⓔ 똑똑백과사전   🔍 ☰

담비 족제빗과의 하나

크기   몸길이 약 35~60 cm
사는 곳 삼림 지역

족제비보다 크고, 몸이 날렵하다. 주둥이가 뾰족하며
꼬리가 길고 끝 부분이 가늘다. 황갈색이나 흑갈색의
털이 부드럽고 광택이 있다. 숲이나 계곡에서 작은 동
물이나 나무 열매를 먹는다.

스라소니 고양잇과의 포유류

크기   몸길이 약 90 cm
사는 곳 한국, 유럽, 중국 등

귀가 삼각형 모양이고, 털이 부드러우며 연적갈색, 회
갈색 등에 짙은 반점이 있다. 나무를 잘 타고 달리는 속
도가 빠르다. 밤에 주로 활동하며 토끼, 사슴 등의 동물
을 잡아먹는다.

||| ◯ ＜

**멸종된 동물,
도도새가
궁금해요**

요즘에는 멸종 위기 동물을 보호하기 위한 노력을 많이 한다. 하지만 이미 멸종
한 동물도 있다. 바로 아프리카에 살았던 도도새이다. 도도새가 살던 지역에는
도도새를 위협하는 동물이 없어서 날개가 점점 작아졌고, 결국 날지 못하게 되었
다. 그 뒤 인간에 의해 도도새는 점점 사라지고 결국 멸종되었다.

▶ 지예가 인터넷 백과사전에서 찾아본 멸종 위기 동물에 모두 ○표를 하세요.

| 토끼 | 담비 | 사슴벌레 | 스라소니 |

▶ 반달가슴곰에 대한 설명으로 알맞은 것의 기호를 쓰세요.

> ㉮ 족제비보다 크고, 주둥이가 뾰족하다.
> ㉯ 온몸이 연적갈색, 회갈색이며 짙은 반점이 있다.
> ㉰ 겨울에는 바위굴이나 나무 구멍에서 겨울잠을 잔다.
> ㉱ 수컷은 큰턱이 발달했고 날개를 움직일 때 소리가 난다.

▶ 다음 설명에 알맞은 동물의 이름을 쓰세요.

> • 나무를 잘 타고 달리는 속도가 빠르다.
> • 귀가 삼각형 모양이고, 등에 짙은 반점이 있다.
> • 몸길이가 약 90 cm의 동물로 한국, 유럽, 중국 등에 산다.

반달가슴곰

장수하늘소

스라소니

3
주차

활동 1 인터넷 백과사전에서 읽은 내용 중 친구들에게 알리고 싶은 멸종 위기 동물을 정하고, 알리고 싶은 내용을 정리해 보세요.

이름	
생김새	
특징	

활동 2 멸종 위기 동물을 알리는 글을 SNS에 올리려고 합니다. 제시된 SNS를 참고하여 앞에서 정리한 내용을 바탕으로 글을 써 보세요.

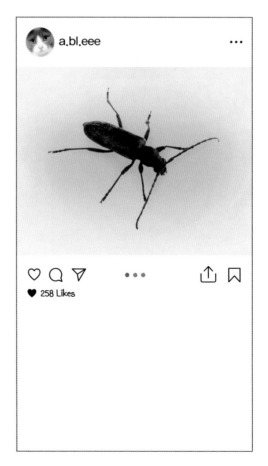

2 인터넷 백과사전을 읽고 SNS에 올릴 광고 만들기

숨 쉬는 그릇, 옹기

민준이네 고장에서는 매년 옹기 축제가 열려요. 민준이는 축제 이벤트에 참가하기 위해 인터넷 백과사전에서 옹기에 대해 조사하고, 옹기 축제 SNS '옹기를 알려주마' 코너에 올릴 광고를 만들기로 했어요.

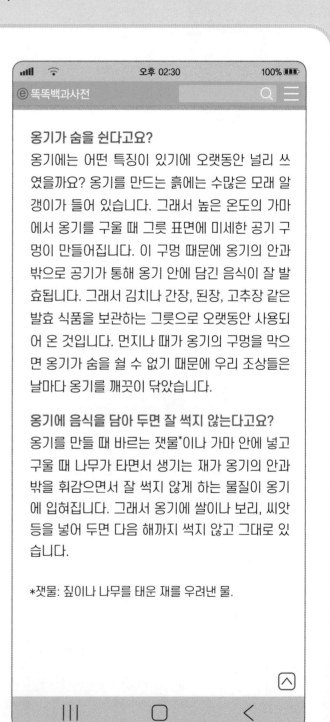

확인 이 내용이 담긴 디지털 매체는 인터넷 ㅂ ㄱ ㅅ ㅈ 이다.

▶ 백과사전의 내용으로 알맞은 것의 기호를 쓰세요.

> ㉮ 옹기는 중국에서 전해진 그릇이다.
> ㉯ 옹기에는 미세한 구멍이 있어서 공기가 통한다.
> ㉰ 옹기는 음식의 발효를 돕지만 오래 보관하기는 어렵다.

▶ 우리 조상들이 옹기의 공기 구멍이 막히지 않게 한 행동으로 알맞은 것에 ○표를 하세요.

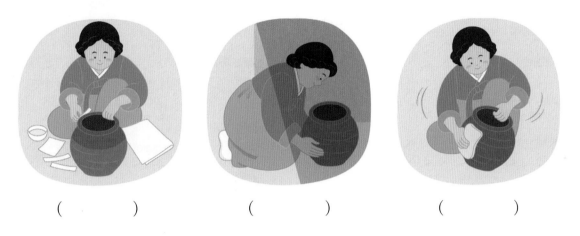

(   )   (   )   (   )

활동 옹기 축제 SNS '옹기를 알려주마' 코너에 광고를 올리려고 합니다. 제시된 광고를 참고하여 광고를 완성해 보세요.

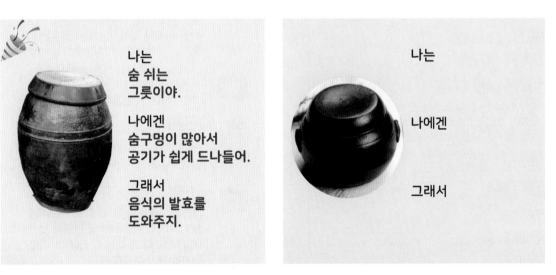

나는
숨 쉬는
그릇이야.

나에겐
숨구멍이 많아서
공기가 쉽게 드나들어.

그래서
음식의 발효를
도와주지.

나는

나에겐

그래서

왜 물은 옹기의 구멍을 통과하지 못할까? | 옹기의 미세한 구멍 사이로 공기만 통과하는 까닭은 바로 이 구멍의 크기 때문이다. 옹기에 뚫린 구멍은 물의 입자보다 훨씬 작기 때문에 입자가 매우 작은 공기만 통과하고, 입자가 큰 물은 통과하지 못한다.

■ 온라인 대화를 읽고 이모티콘 만들기

강아지나 고양이도 혈액형이 있대요

선생님께서 단체 이야기방에 아롱이 소식을 전해 주셨어요. 아롱이는 학교에서 기르는 두 살된 암컷 강아지인데 새끼를 낳기 직전이었거든요. 아롱이의 출산을 축하하는 이모티콘을 만들어 보세요.

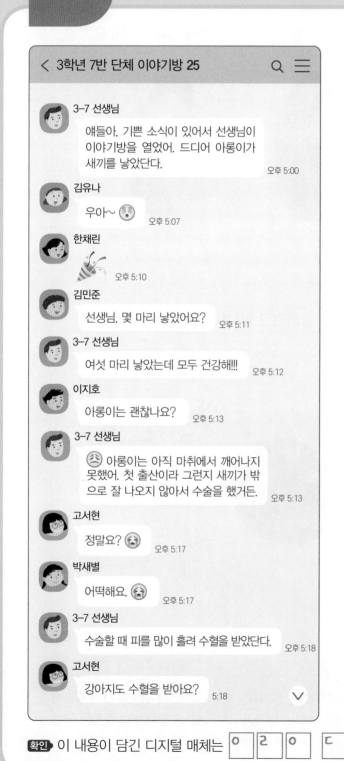

< 3학년 7반 단체 이야기방 25

3-7 선생님
얘들아, 기쁜 소식이 있어서 선생님이 이야기방을 열었어. 드디어 아롱이가 새끼를 낳았단다.
오후 5:00

김유나
우아~ 😲
오후 5:07

한채린
🐝
오후 5:10

김민준
선생님, 몇 마리 낳았어요?
오후 5:11

3-7 선생님
여섯 마리 낳았는데 모두 건강해!!!
오후 5:12

이지호
아롱이는 괜찮나요?
오후 5:13

3-7 선생님
😣 아롱이는 아직 마취에서 깨어나지 못했어. 첫 출산이라 그런지 새끼가 밖으로 잘 나오지 않아서 수술을 했거든.
오후 5:13

고서현
정말요? 😥
오후 5:17

박새별
어떡해요. 😥
오후 5:17

3-7 선생님
수술할 때 피를 많이 흘려 수혈을 받았단다.
오후 5:18

고서현
강아지도 수혈을 받아요?
5:18

< 3학년 7반 단체 이야기방 25

3-7 선생님
그럼. 다행히 병원에 아롱이와 같은 혈액형의 피가 있어서 수혈 받을 수 있었어.
오후 5:20

김유나
강아지도 혈액형이 있다고요?
오후 5:25

3-7 선생님
응. 강아지나 고양이도 사람처럼 혈액형이 있단다.
오후 5:29

유서준
우와, 정말 신기해요. 그럼 사람처럼 A형, B형, O형, AB형이 있는 거예요?
오후 5:33

3-7 선생님
혈액형의 종류가 사람과는 달라. 사람은 4가지이지만 강아지는 8가지로 나뉜다고 해.
오후 5:37

김유나
그럼 강아지도 헌혈이 필요하겠네요?
오후 6:01

3-7 선생님
맞아. 그래서 동물병원에서는 헌혈할 강아지를 모집하기도 한대.
오후 6:05

3-7 선생님
얘들아, 우리 아롱이를 축하하는 기념으로 이모티콘을 하나씩 만들어 보면 어떨까? 그리고 아롱이 집에 그 이모티콘을 붙여 주도록 하자.
오후 6:10

➕ 😊 #

||| ◯ <

확인 이 내용이 담긴 디지털 매체는 [ㅇ][ㄹ][ㅇ] [ㄷ][ㅎ][ㅂ] 이다.

3
주차

▶ 온라인 대화 내용으로 알맞은 것에 ○표를 하세요.

| 3학년 7반 친구들이 서로 자기소개를 하고 있다. | ☐ |

| 3학년 7반 담임 선생님이 학교에서 기르는 강아지인 아롱이의 출산 소식을 전하고 있다. | ☐ |

▶ 온라인 대화에서 새롭게 안 내용으로 알맞은 것의 기호를 모두 쓰세요.

> ㉮ 강아지의 혈액형은 네 가지이다.
> ㉯ 강아지나 고양이도 혈액형이 있다.
> ㉰ 강아지나 고양이도 수술을 해서 새끼를 낳기도 한다.
> ㉱ 강아지나 고양이도 헌혈을 하거나 수혈을 받기도 한다.

활동 제시된 이모티콘을 참고하여 나만의 축하 이모티콘을 만들어 보세요.

개가 헌혈할 때 조건이 있나요?
- 몸무게가 25kg 이상이어야 한다.
- 2살~8살이어야 하며, 예방접종을 마쳐야 한다.
- 온순해야 한다.
- 피를 뽑은 지 6주가 지나야 한다.

2 인터넷 게시판을 읽고 댓글 쓰기

진정한 친구가 되려면

지유는 방학 때 권장 도서 중 한 권인 《커피우유와 소보로빵》을 읽고 인터넷 독서 후기 게시판에 독서 감상문을 썼어요. 인터넷 게시판의 글을 읽고 자신이 감명 깊게 읽은 책에 대한 생각이나 느낌을 댓글로 써 보세요.

독서 후기	《커피우유와 소보로빵》 독서 감상문

'차이'를 인정하면 '차별' 없는 세상이 될 거예요

작성자: 최고지유 | 작성일: 20○○. 09. 09. 10:40 | 댓글 3 | 조회수 79

이 책의 저자인 카롤린 필립스는 해외 입양아, 노숙자, 장애인, 외국인 노동자 등 사회적 약자의 이야기를 주로 쓰는 작가라고 합니다. 제가 읽은 《커피우유와 소보로빵》도 사회적 약자인 유색 인종에 대한 차별을 소재로 쓴 책입니다.

검은색의 피부를 가진 샘의 별명은 커피우유이고, 얼굴에 주근깨가 많은 보리스의 별명은 소보로빵입니다. 샘은 독일의 에센에서 살다가 부모님을 따라 전학을 왔습니다. 보리스는 전학 온 샘에게 외모에 대해 정상적이지 않다고 말합니다. 이것이 인종 차별이었습니다. 샘은 학교에서 보리스를 포함한 여러 학생에게 둘러싸여 놀림을 받습니다. 그리고 샘의 가족은 피부색이 다르다는 이유만으로 화염병 테러를 당합니다. 당시 독일 사람들은 자신들의 일자리가 없어지는 것이 많은 외국인 노동자들 때문이라고 생각하였고 그 불만을 피부색이 다른 사람들에게 돌을 던지는 행동으로 표현했습니다. 그래서 그 피해를 샘의 가족이 받아야만 했던 거죠. 샘과 보리스는 많은 갈등을 겪다가 음악 경연 대회에서 함께 피아노를 연주해야 하는 일을 겪으며 서로 생김이 다를 뿐이지 같은 생활을 하고 감정을 가진 같은 사람이라는 것을 느끼게 됩니다.

이 책의 결말은 좋게 끝났지만 전 책을 읽는 동안 마음이 불편했습니다. 이유가 어떻든 피부색이 다르다는 이유만으로 차별하는 것은 범죄라고 생각합니다. 인간은 인간답게 살 권리를 가지고 태어났다고 부모님께서 항상 말씀하셨습니다. 피부색에 상관없이 그냥 똑같은 사람일 뿐입니다. 우리 주변에 만약 적응하지 못하는 다문화 친구를 만나게 된다면 따뜻한 마음으로 다가갔으면 좋겠습니다. 멋진 친구가 되어 봅시다!

댓글 3   공감순 ∨

ㄴ **정의사도**   최고지유님! 제목이 너무 좋아요. '차이'를 인정하는 세상이 되면 결국 '차별'이라는 말도 사라질 거라고 믿어요.   [공감]

ㄴ **크레파스**   최고지유의 부모님은 훌륭하신 분이네요. 그런 멋진 생각을 가진 어른들이 많고 그 가르침을 아이들에게 잘 전한다면 아름다운 세상이 되리라 믿어요.   [공감]

ㄴ **운동천재**   샘과 보리스가 서로의 갈등을 풀어나가며 다른 것에 대한 편견을 걷어 내는 과정이 너무 흥미진진했어요. 둘은 서로를 인정하며 받아들이는 진정한 친구가 되었죠.   [공감]

확인 이 내용이 담긴 디지털 매체는 | ㅇ | ㅌ | ㄴ | ㄱ | ㅅ | ㅍ | 이다.

▶ 커피우유와 소보로빵은 무엇을 나타낸 것인지 알맞은 것에 ○표를 하세요.

주인공들의 별명	등장인물들이 많이 먹는 음식	서로 어울리지 않는 음식

▶ 지유의 독서 후기에 쓴 댓글들의 특징으로 알맞지 <u>않은</u> 것의 기호를 쓰세요.

> ㉮ 지유의 생각에 공감하면서 자신의 생각을 나타냈다.
> ㉯ 지유의 생각을 논리적으로 반박하면서 자신의 생각을 썼다.
> ㉰ 책 내용에서 감명 받은 부분에 대한 자신의 생각을 썼다.

활동 인터넷 게시판의 글을 읽고 자신의 생각이나 느낌을 댓글로 써 보세요.

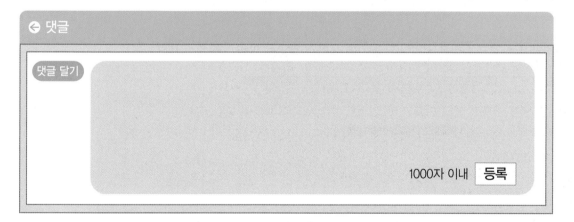

인터넷 독서 후기가
뭐예요?

• 인터넷 독서 후기는 책을 읽고 생각이나 느낌을 게시판에 쓴 글을 말한다.
• 책을 읽게 된 동기, 책의 내용, 책을 읽고 난 뒤 생각하고 느낀 것 등을 자유롭
 게 표현하여 쓰는 것으로 독서 감상문과 비슷하다.
• 게시판에 글을 올려 같은 글을 읽은 다른 독자들과 바로 소통할 수 있다.

1 다음과 같은 매체를 무엇이라고 하나요? ( )

① 웹툰
② 블로그
③ 인터넷 뉴스
④ 인터넷 게시판
⑤ 인터넷 백과사전

2 다음과 같은 매체의 특징으로 알맞지 <u>않게</u> 말한 친구의 이름을 쓰세요.

> 유나: 올린 내용을 여러 사람과 함께 볼 수 있으며, 댓글을 남기거나 '좋아요'를 누를 수 있어.
> 민형: 개인적으로 관심 있는 내용을 사진이나 그림, 동영상과 함께 올릴 수 있어.
> 예지: 과학, 역사, 예술, 문화 등 여러 종류의 지식과 정보를 얻을 수 있지.

( )

3 다음 매체를 읽고 정리한 것입니다. 빈칸에 들어갈 알맞은 말에 ○표를 하세요.

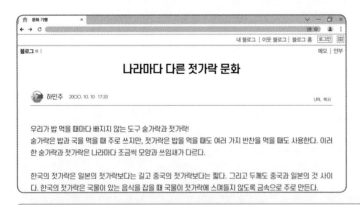

- 이 매체는 (블로그 , 인터넷 게시판)이다.
- 이 매체를 쓴 사람의 이름은 하민주이다.
- 이 매체를 읽으면 나라마다 (젓가락 , 숟가락)이 다르다는 것을 알 수 있게 된다.

4 다음 빈칸에 들어갈 알맞은 말은 무엇인가요? (   )

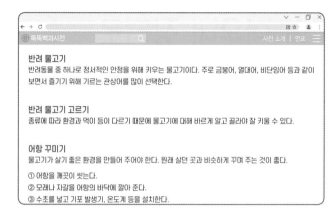

왼쪽의 매체는 과학, 역사, 예술, 문화 등 여러 종류의 지식과 정보를 얻을 수 있는 매체로 (   )(이)라고 한다.

① 웹툰   ② 블로그
③ 인터넷 뉴스   ④ 인터넷 게시판
⑤ 인터넷 백과사전

5 다음에 대한 설명으로 알맞지 <u>않은</u> 것의 기호를 쓰세요.

㉠ 대화를 하고 있는 사람은 모두 6명이다.
㉡ 이 매체는 사진이나 동영상도 같이 볼 수 있다.
㉢ 사라져 가고 있는 하늘다람쥐에 대해 이야기하고 있다.

6 다음은 무엇에 대한 설명인가요? (   )

게시판에 책을 읽게 된 동기, 책의 내용, 책을 읽고 난 뒤 생각하거나 느낀 점 등을 자유롭게 표현하여 쓰는 것으로 독서 감상문과 비슷하다.

① SNS 투표   ② 도서 기대평   ③ 텔레비전 뉴스
④ SNS 댓글   ⑤ 인터넷 독서 후기

7 다음 매체에 대한 설명입니다. 빈칸에 들어갈 알맞은 말에 ○표를 하세요.

독서 후기 《커피우유와 소보로빵》 독서 감상문

'차이'를 인정하면 '차별' 없는 세상이 될 거예요

작성자: 최고지윤 | 작성일: 2000.09.09. 10:40 | 댓글 3 | 조회수 79

이 책의 저자인 카롤린 필립스는 해외 입양아, 노숙자, 장애인, 외국인 노동자 등 사회적 약자의 이야기를 주로 쓰는 작가라고 합니다. 제가 읽은 《커피우유와 소보로빵》도 사회적 약자인 유색 인종에 대한 차별을 소재로 쓴 책입니다.

《커피우유와 소보로빵》을 읽은 뒤의 생각이나 느낌을 (온라인 대화방 , 인터넷 게시판)에 쓴 글이다.

유관순 열사 유적지와 아우내 장터로

다음날, 엄마와 소진이는 유관순 열사 유적지에 가기 위해 길을 나섰어요. 화창한 봄날이어서 그런지 나들이 나온 차들이 많았어요. 유관순 열사 유적지는 충청남도 천안시 동남구 병천면에 있었어요. 바로 유관순 열사의 고향에 자리한 거예요.

유적지 안으로 들어간 엄마와 소진이는 제일 먼저 눈에 띈 유관순 열사의 동상 앞에 섰어요.

태극기를 손에 들고 만세 운동을 하는 유관순 언니의 모습을 본 소진이의 표정이 어두워졌지요.

"엄마, 3.1 운동이 일어났을 때 유관순 열사의 나이가 열여덟 살이었잖아요. 죽을 수도 있는데 용기를 내어 만세 운동을 했다는 게 정말 믿기지 않아요."

"우리 백성들을 괴롭히는 일본으로부터 벗어나야겠다는 마음은 누구나 다 똑같았겠지. 그중에서도 유관순 열사는 나부터 행동해야겠다는 애국심에 불탔던 거고."

엄마의 목소리가 무거워졌어요.

소진이는 나였으면 어땠을까를 생각했어요. 그러나 유관순 열사처럼 겁 없이 독립운동에 나설 수 있을지 잘 모르겠다는 생각이 들었지요.

동상을 보고 들어간 기념관에는 유관순 열사가 태어나실 때부터 돌아가실 때까지의 이야기가 모두 담겨 있었어요. 기념관을 둘러보며 사진을 찍고 이야기를 읽던 소진이는 뜬금없이 전시되어 있는 벽돌을 보고 황당해했어요.

"엄마, 정말 너무해요. 저게 서대문 형무소의 벽돌인데, 거기 갇혀 있었던 사람들이 만든 거래요. 너무 끔찍해요!"

자신을 가둘 형무소의 벽돌을 직접 만드는 장면을 떠올린 소진이는 몸을 부르르 떨었어요.

조금 더 걸어가니 유관순 열사가 갇혀 있었던 감옥의 방을 그대로 만든 방이 나타났어요. 방 안에 들어서니 갑자기 노래가 울려 퍼졌어요.

"대한이 살았다 대한이 살았다
산천이 동하고 바다가 끓는다
에헤이 데헤이 에헤이 데헤이
대한이 살았다 대한이 살았다."

차가운 감옥에 갇히고, 모진 고문을 당하면서도 대한 독립을 바라고 또 바랐던 유관순 열사의 숨결이 그대로 전해져 오는 것 같았지요. 비좁고 작은 방 안에 들어서서 소진이는 가슴이 떨려오는 것을 느꼈습니다.

기념관에서 나온 소진이는 마음이 아팠어요. 유관순 열사의 생가는 작은 초가집이었지요. 서울에서 공부를 하던 유관순 언니가 이곳에 내려와 만세 운동을 위해 태극기를 만들던 모습이 인형으로 만들어져 있었어요.

'어떤 마음이었을까?'

아무리 유관순 언니의 마음을 떠올리려고 해도 잘 떠오르지 않았어요. 이렇게 저렇게 사진을 찍으면서 소진이는 여러 생각을 했어요.

"엄마, 나도 저 때 태어났더라면 나라를 되찾으려고 이처럼 힘든 일을 할 수 있었을까요?"

소진이의 물음에 엄마가 빙그레 웃었어요.

"그건 나도 모르겠네. 소진아, 그렇지만 내 나라를 진짜 사랑하고, 내 이웃들을 정말 사랑한다면…… 그러면 할 수 있지 않을까?"

소진이는 그 말을 듣고도 잘 모르겠다는 생각이 들었어요.

기념관과 유적지를 모두 둘러본 두 사람은 아우내 장터로 발길을 돌렸어요. 아우내 장터는 유관순 열사가 만세 운동을 벌였던 곳으로 바로 지금의 병천 장터였어요.

마침 장날이어서 두 사람은 아우내, 즉 병천에서 가장 유명한 순대를 먹었지요. 순대는 누린내가 나지 않고 고소한 맛이었어요. 엄마와 소진이는 유적지 곳곳을 살펴보느라 배가 고파서 커다란 접시에 담겨져 나온 푸짐한 순대를 모두 먹어치웠답니다.

"엄마, 그런데 왜 여기서 만세 운동을 했어요? 여기는 시장이잖아요?"

궁금증이 생긴 소진이가 엄마에게 물었어요.

"소진아, 시골 장터에는 뭐가 있을까?"

엄마가 되물었어요.

"가게가 있지요, 여기처럼."

소진이가 순대를 파는 가게들을 가리키며 말했어요.

"가게가 있으면 사람들이 모이겠지? 장 보러 온 사람들이랑

놀러 나온 사람들이랑. 그리고 가게는 사람들이 잘 모이는 곳에 있겠지?"

"아하, 사람들이 모이는 곳이었군요!"

소진이는 그제서야 아우내 장터에서 만세 운동을 벌인 까닭을 알게 되었어요.

"지금도 여긴 사람들이 많네요."

소진이는 엄마와 함께 아우내 장터 곳곳을 둘러보면서 이렇게 말했어요.

이어지는 내용은 134쪽에 >>>

평소와는 완전히 다른 소진이의 당당함에 아이들은 눈을 떼지 못했어요.

심지어 살짝 웃기도 했지요.

소진이의 거침없고 재미있는 발표에 반 아이들이 흠뻑 빠져들었어요.

발표를 모두 마친 소진이는 멋지게 인사하며 마무리했어요.

– 가치 동화 〈발표가 제일 쉬웠어요〉 중에서 –

4 주차

1 인터넷 뉴스를 읽고 댓글 쓰기

자연재해의 피해

세계적으로 매년 되풀이되고 있는 자연재해의 피해.
피할 수는 없지만 대비할 수는 있다고 하네요. 자연재해에 대한 인터넷 뉴스를 읽고
댓글을 써 보세요.

NEWS | 과학 | 사회 | 역사 + ✉ ⠿

구독

자연재해 피할 수 없지만 대비는 가능

입력 20○○.12.12. 오후 12:12

 박은경 기자 >

영화 <투모로우>, <인투더스톰>, <해운대> 등은 자연재해를 소재로 만든 영화이다. 이런 영화에서만 일어날 것 같은 일들이 현실에서는 더 위협적으로 발생하기도 한다.

자연재해란 태풍, 가뭄, 홍수, 지진, 화산 폭발, 해일과 같은 피할 수 없는 자연현상으로 인해 발생하는 피해를 말한다. 이러한 자연재해가 해마다 늘고 있는데 그 원인으로 전문가들은 기후변화를 꼽고 있다.

2020년 유엔 재난위험경감사무국(UNDRR)에서 발표한 2000~2019년 세계 재해 보고서 내용에도 세계 평균 기온이 오르면서 폭염과 가뭄, 홍수, 혹한, 태풍, 산불 등 기상 이변 현상들이 더욱 자주 일어나고 있다고 밝히고 있다. 그중에서도 홍수, 가뭄, 태풍의 피해가 심하며, 인명피해는 저소득 국가일수록 심하다.

▲ 화산 폭발　　　　　▲ 지진

▲ 가뭄　　　　　▲ 태풍

▲ 산불　　　　　▲ 홍수

전문가들은 이렇게 자연재해가 늘어나고 있는 원인에 대해 온실가스를 줄이는 것이 실패하였기 때문이라고 말한다. 자연현상을 막을 수는 없어도 자연재해를 줄일 수는 있다.

자연재해를 줄이기 위해서는 개인적으로 국가적으로 환경 보전을 위한 실천이 필요하다. 이미 환경에 대해 걱정하는 사람들은 생활 속에서 일회용품을 줄이고, 친환경 제품을 사용하는 등의 실천을 하고 있다.

국가적으로는 현대 과학을 토대로 한 기상예보 시스템을 활용하여 미리 대비해야 한다. 하지만 지금까지와 같이 인간의 과도한 욕심으로 자연을 훼손한다면 자연재해의 빈도 수나 피해의 정도를 줄일 수는 없을 것이다.

확인 이 내용이 담긴 디지털 매체는 인터넷 [ㄴ][ㅅ]이다.

▶ 빈칸에 들어갈 알맞은 말을 쓰세요.

> 태풍, 가뭄, 홍수, 지진, 화산 폭발, 해일과 같은 피할 수 없는 자연현상으로 인해 발생하는
> 피해를 (   )라고 한다.

▶ 인터넷 뉴스의 내용으로 알맞지 <u>않은</u> 것의 기호를 쓰세요.

> ㉮ 자연재해의 피해는 소득이 높은 나라일수록 정도가 더 심하다.
> ㉯ 전문가들은 해마다 늘고 있는 자연재해의 원인으로 기후 변화를 꼽고 있다.
> ㉰ 2000~2019년 세계 재해 보고서에 따르면 홍수, 가뭄, 태풍의 피해가 심하다.
> ㉱ 영화 〈투모로우〉, 〈인투더스톰〉, 〈해운대〉 등은 자연재해와 관련된 영화이다.

활동 제시된 댓글을 참고하여 인터넷 뉴스를 읽고 댓글을 써 보세요.

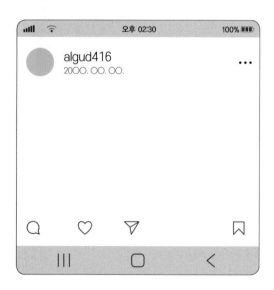

온실가스가 뭐예요? │ • 지구의 대기를 오염시켜 온실 효과를 일으키는 가스를 통틀어 이르는 말이다.
• 온실가스를 줄이기 위한 실천 방법에는 적절한 실내온도 유지하기, 친환경 제
품 사용하기, 사용하지 않는 전기제품의 플러그 뽑아두기, 나무 심기, 대중교통
이용하기 등이 있다.

② 블로그를 읽고 마인드맵으로 정리하기

세계의 음식, 인도 커리

맛있는 음식이 있는 곳이면 어디든지 가는 세나네 가족은 인도 음식 전문점에 갔어요. 세나는 커리 사진을 SNS에 올리고, 커리에 대한 정보를 찾아보았어요. 블로그를 통해 알게 된 커리에 대한 정보를 마인드맵으로 정리해 보세요.

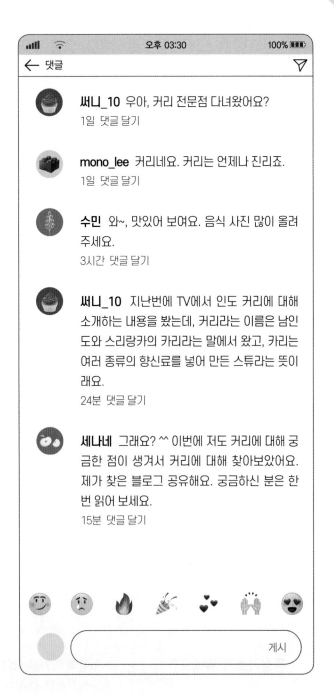

확인 이 내용이 담긴 디지털 매체는 SNS와 [ㅂ][ㄹ][ㄱ]이다.

인도 커리, 맛의 향연

 맛떠세   20○○. 12. 03 11:43   URL 복사

안녕하세요. 오늘 떠날 여행지는 인도입니다. 인도의 대표적인 음식으로 떠오르는 것이 있죠? 맞아요. 커리! 우리가 평소 집에서 자주 만들어 먹는 카레는 인도의 커리를 한국인의 입맛에 맞춰 만든 음식이에요. 그럼 인도 전통 음식 커리에 대해 알아볼까요? 자, 맛으로 떠나는 세계 여행 출발!

인도에서는 마살라라는 인도의 혼합 향신료를 넣어 만든 요리를 커리라고 합니다. 인도의 고서에서 커리라는 말을 찾을 수 있다는 것에서 오래전부터 먹어왔음을 짐작할 수 있습니다. 커리에는 겨자 씨, 강황, 커민, 고수, 후추 등 여러 가지 향신료가 쓰입니다.

커리의 종류

• 코르마: 육류나 채소에 육수, 요구르트, 크림을 넣어 만든 커리

• 빈달루: 식초, 칠리 고추 등에 미리 재워두었다 만든 가장 매운 커리

• 잘프레지: 양념에 재워둔 고기나 채소를 기름에 볶아 만든 커리

먹는 방법

밥에 조금씩 섞어 먹거나 인도의 빵인 로티에 찍어 먹습니다.

채소 스튜인 삼바르와 과일 채소 소스인 처트니를 곁들여 먹습니다. 매운 커리는 요거트 샐러드인 라이타나 요구르트로 만든 인도 전통 음료인 라씨와 함께 먹으면 좋습니다.

▲ 커리와 곁들여 먹는 음식   ▲ 라씨

나라마다 커리가 달라요

• 영국: 밥에 곁들여 먹는 고기 스튜 형식으로 바뀌었다.

• 일본: 일본식 발음인 '카레'로 불렸으며, 감자, 당근, 양파 같은 채소가 많이 들어간다.

• 한국: 강황을 많이 사용해 노란색을 띠고 국물이 넉넉한 편이다.

▶ 세나가 SNS에서 소개한 음식은 무엇인지 ○표를 하세요.

| 인도 커리 | 영국 스튜 | 멕시코 타코 |

▶ 커리에 대한 내용으로 알맞지 <u>않은</u> 것의 기호를 쓰세요.

㉮ 커리라는 이름의 유래가 되는 말은 일본의 카레라는 말이다.
㉯ 마살라는 인도의 혼합 향신료를 넣어 만든 요리를 커리라고 한다.
㉰ 커리는 밥에 조금씩 섞어 먹거나 인도의 빵인 로티에 찍어서 먹는다.
㉱ 영국으로 전해진 커리는 밥에 곁들여 먹는 고기 스튜의 형태로 바뀌었다.

▶ 커리의 종류 가운데 가장 매운 것은 무엇인지 ○표를 하세요.

| 코르마 | 빈달루 | 잘프레지 |

(   )   (   )   (   )

4
주차

활동 커리에 대한 정보를 마인드맵으로 정리해 보세요.

커리의 재료

커리의 종류

코르마,
빈달루,
잘프레지

커리

커리라는 이름은 남인도와 스리랑카의 카리라는 말에서 왔고, 카리는 여러 종류의 향신료를 넣어 만든 스튜라는 뜻이다.

커리에 곁들여 먹는 음식

세계 속의 커리

• 영국: 고기 스튜 형식이다.
• 일본: 카레로 불린다.
• 한국: 강황을 많이 넣어 노란색이며 국물이 넉넉하다.

1 학교 누리집 게시판을 읽고 두 줄 댓글 쓰기

학교에 두 줄 제안하기

수열이네 학교 누리집에는 학생 누구나 학교에 제안하고 싶은 내용을 두 줄 댓글로 써서 제안할 수 있는 게시판이 있어요. 수열이네 학교 학생들은 어떤 제안을 가장 많이 했는지 살펴볼까요?

🏠 ○○초등학교 게시판   🔍 ⋮

○○ 초등학교 학생들의 공간 "나의 두 줄이 학교를 바꿉니다"

작성자: 관리자   🔗 인쇄

○○ 초등학교 학생 여러분, 학교생활을 하면서 불편하거나 힘든 점, 학교에 바라는 점이 있었나요?
학교에 대한 여러분의 생각을 두 줄 댓글로 써 주세요.
○○ 초등학교 학생이면 누구나 참여할 수 있어요!
여러분의 생각으로 더 좋은 ○○ 초등학교를 만들려고 합니다.

❤ 공감 20 | ⌄   💬 댓글 10 | ⌃

ㄴ **4학년 1반 양수열** 오후 3시부터 잠겨 있는 학교 후문을 오후 6시까지 개방해 주세요. 저희 집은 후문과 가까운데 3시 이후에 학교에 갈 일 있으면 정문까지 빙 돌아서 가야 해서 불편해요.

ㄴ **2학년 3반 오정태** 주말에도 학교 운동장에서 축구를 할 수 있도록 열어 주세요. 학교 운동장에서 축구를 하고 싶어요.

ㄴ **3학년 6반 이지영** 늦은 시간까지 학교 후문을 열어 주세요. 후문을 일찍 닫아서 집으로 가려면 불편해요.

ㄴ **5학년 1반 김산** 본관 3층에 남자 화장실을 만들어 주세요. 각 층마다 화장실이 있어야 하는데 본관에는 3층에만 남자 화장실이 없어서 4층으로 올라가거나 2층으로 내려가야 해서 불편해요.

ㄴ **1학년 4반 신유라** 급식 반찬을 안 맵게 해 주세요. 김치도 하얀색 김치로 해 주세요.

ㄴ **3학년 2반 지우경** 학교 후문을 늦게까지 열어 주세요. 아파트 단지가 후문 쪽에 많아서 후문을 이용하는 학생이 많은데 후문이 일찍 닫히면 정문까지 걸어가야 해서 힘들어요.

ㄴ **4학년 5반 김진희** 우리 학교는 정문보다 후문을 이용하는 사람이 더 많습니다. 그래서 후문 개방 시간을 바꾸어 주셨으면 좋겠습니다.

ㄴ **5학년 1반 박중하** 실내 체육관을 만들어 주세요. 덥고 추운 날 운동장에서 체육 수업 듣는 게 고통이에요 ㅠㅠ

ㄴ **2학년 1반 선우민** 학교 연못에 있는 자라를 바다로 돌려 보내 주세요. 연못에 갇혀 있는 자라가 불쌍해요.

ㄴ **6학년 4반 신정호** 인기 있는 도서들을 많이 사 주세요. 책 대여하는 것이 하늘에서 별 따는 것보다 힘들어요.

확인 이 내용이 담긴 디지털 매체는 학교 누리집 ⬚ㄱ ⬚ㅅ ⬚ㅍ 이다.

4
주차

▶ 학교 누리집 게시판에 "나의 두 줄이 학교를 바꿉니다"가 만들어진 목적으로 알맞은 것에 ○표를 하세요.

○○ 초등학교를 더 좋게 만들기 위해	

○○ 초등학교의 행사를 알려주기 위해	

○○ 초등학교 학생들을 서로 친하게 만들기 위해	

▶ 두 줄 댓글 중 가장 많은 의견은 무엇인지 기호를 쓰세요.

㉮ 급식 반찬 개선　　　　㉯ 인기 도서 구입
㉰ 주말 학교 운동장 개방　　㉱ 늦은 시간까지 학교 후문 개방

활동 우리 학교 누리집에 "나의 두 줄이 학교를 바꿉니다"가 있다면 나는 어떤 의견을 쓸지 두 글 댓글을 써 보세요.

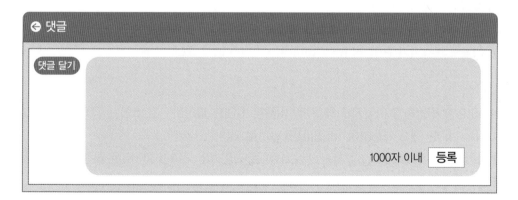

⬅ 댓글

댓글 달기

1000자 이내　[등록]

인터넷 게시판에 댓글을 쓸 때 주의할 점을 알아 보아요

• 함부로 말하거나 비웃고 헐뜯는 말은 하지 않는다.
• 나쁜 댓글을 쓰지 않는다.
• 게시판에 글을 쓴 사람을 욕하는 글을 쓰지 않는다.
• 게시판의 주제와 상관 없는 내용은 쓰지 않는다.

② 인터넷 백과사전을 읽고 카드 뉴스 만들기

피라미드

세계에는 다양한 건축물이 있어요. 그중에서 이집트의 피라미드는 영원한 낙원으로 향하는 거대한 장치라는 의미를 갖고 있어요. 인터넷 백과사전을 읽고 카드 뉴스를 만들어 보세요.

똑똑백과사전   사전 소개 | 연표

피라미드   영원한 낙원으로 향하는 거대한 장치

피라미드의 의미

고대 이집트인들에게 파라오는 왕이자 신이었다.
그는 지상에서의 생명이 다하면 하늘나라로 가서 영원한 생명을 얻게 된다고 믿었다.
피라미드는 파라오가 하늘로 올라가기 위해 준비된 계단이라는 의미를 띠고 있다.

피라미드의 규모

옛날 사람들은 이 어마어마한 무덤들을 어떻게 지었을까? 이집트 최대의 피라미드라 불리는 쿠푸 왕의 대피라미드는 2.5톤 무게 사각돌 250만 개를 사용하여 148미터의 높이로 지어졌다고 한다.
이 피라미드는 10만 명의 노동자가 20년이나 걸쳐서 완성시켰다고 한다. 이 거대한 피라미드를 만들기 위해 크고 무거운 돌들을 어떻게 옮기고 쌓아올렸는지는 정확히 알려져 있지 않다.

확인 이 내용이 담긴 디지털 매체는 인터넷 ㅂ ㄱ ㅅ ㅈ 이다.

다만 이집트에서는 나일강의 범람* 이후 농토를 정리하고 세금을 거둬들이기 위해 토지 넓이를 재는 기술이 발달했다. 토지 측량술과 관계 있는 기하학이 바로 피라미드의 건축이나 측량에 활용되었다고 볼 수 있다.

피라미드가 만들어진 까닭

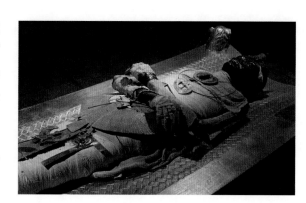

파라오가 사망하면 죽은 파라오를 썩지 않게 미라로 만들고 의식을 치른 뒤 미라와 부장품*을 피라미드 내부의 현실(시체가 있는 무덤 속의 방)과 부속 공간에 안전하게 잘 두고 도굴꾼을 대비한 여러 장치들을 작동시켰다고 한다.

왕의 묘로 거대한 피라미드가 만들어진 까닭은 우선 파라오의 영원한 생명에 걸맞게 영원히 무너지지 않을 곳이 필요했기 때문이다.
또 한 가지는 그가 하늘로 올라가기 위한 계단, 또는 사다리의 역할이었다. 고대 이집트인들은 사람이 죽으면 사후 세계에서 되살아난다고 믿었기 때문에 죽은 파라오의 무덤으로 설계된 사후 세계의 왕궁을 짓는다는 생각에서 만든 것이었다.

피라미드의 신비

피라미드에는 오늘날까지 건축에 있어서의 신비한 몇 가지 이야기가 전해진다.
쿠푸 왕의 대피라미드를 살펴보면 네 개의 측면이 각각 정확하게 동서남북을 바라보고 있다고 한다.

피라미드의 둘레가 정확하게 태양년의 일수인 365.2의 천 배와 일치한다는 점, 춘분에는 피라미드의 그림자가 전혀 생기지 않는다는 점 등 피라미드와 관계된 숫자는 여러 가지 의미를 가지고 있다.
이러한 사항은 피라미드의 존재를 더욱 신비한 것으로 만들고 있다. 이는 당시 과학 기술의 수준이 우리의 예상을 훨씬 뛰어넘는 정도였다는 것을 짐작할 수 있게 해 준다.

*범람: 큰물이 흘러넘침.
*부장품: 죽은 자를 매장할 때 함께 묻는 물건.

언제 인터넷 백과사전을 이용하나요?
- 대상에 대한 기초적인 정보를 얻고 싶을 때
- 대상과 관계된 다양한 사진이나 그림 자료 등을 찾아보고 싶을 때
- 대상에 대한 시대적 의미와 사회적 배경 등을 자세히 알고 싶을 때

▶ 인터넷 백과사전의 내용으로 알맞은 것에 모두 ○표를 하세요.

| 피라미드의 신비 | ☐ | 피라미드의 규모 | ☐ |
| 피라미드 속 미라를 만든 방법 | ☐ | 피라미드가 만들어진 까닭 | ☐ |

▶ 인터넷 백과사전을 활용하는 때는 언제인지 알맞은 것의 기호를 두 가지 쓰세요.

㉠ 대상에 대한 기초적인 정보를 얻고 싶을 때
㉡ 대상과 관계된 다양한 사진 자료를 찾아보고 싶을 때
㉢ 대상과 관련된 유의어, 반의어 등의 낱말 풀이를 찾아보고 싶을 때

▶ 인터넷 백과사전을 읽은 뒤에 더 찾아보고 싶은 내용을 알맞게 말한 친구의 이름을 쓰세요.

은혜: 미라가 썩지 않도록 어떤 방법으로 붕대를 감았는지 그것을 찾아보고 싶어.
정우: 피라미드를 만드는 데 얼마나 많은 사람들이 동원되었는지를 찾아보고 싶어.

활동 인터넷 백과사전에서 읽은 내용을 바탕으로 카드 뉴스를 완성해 보세요.

피라미드의 의미

피라미드의 규모 1

엄청난 규모의 대피라미드는 10만 명의 노동자가 20년이나 걸쳐서 완성시켰다고 합니다.

피라미드의 규모 2

당시 이집트에서는 토지 넓이를 재는 토지 측량술이 쓰이고 있었는데, 이때 기하학이 피라미드의 건축이나 측량에 활용되었다고 볼 수 있습니다.

피라미드가 만들어진 까닭

1 광고를 읽고 비교하기

새로나 문구점이 오픈합니다

민지는 하굣길에 새로나 문구점에서 할인 행사를 한다는 소식이 담긴 광고지를 받았어요. 같은 날 엄마는 광고를 휴대 전화 문자로 받으셨대요. 두 광고를 읽고 내용과 형식을 비교해 보세요.

◆ 민지가 받은 인쇄 광고

◆ 엄마가 받은 모바일 광고

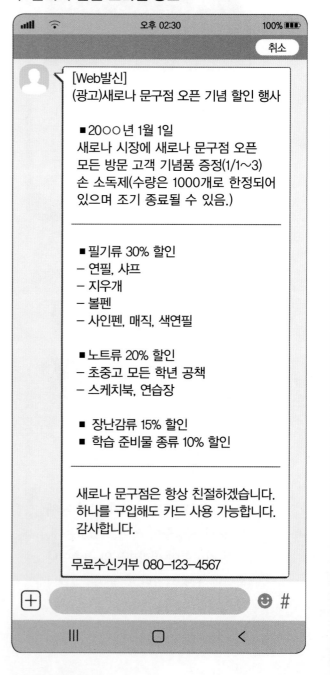

확인 이 내용이 담긴 디지털 매체는 인쇄 [ㄱ][ㄱ]와 모바일 [ㄱ][ㄱ]이다.

▶ 민지와 민지 엄마가 받은 광고는 어떤 내용인지 알맞은 말에 ○표를 하세요.

(새로나 서점 , 새로나 문구점)이 오픈하여 할인 행사한다는 내용이다.

▶ 민지가 받은 광고와 엄마가 받은 광고의 특징을 알맞게 선으로 이으세요.

민지가 받은 광고	•		•	알고 싶은 내용을 빠르게 찾을 수 있다.
엄마가 받은 광고	•		•	글로만 길게 쓰여 있어서 필요한 정보만 찾아서 읽는 데 시간이 걸릴 수 있다.

활동 민지가 받은 광고와 엄마가 받은 광고를 비교해 보세요.

민지가 받은 광고	엄마가 받은 광고
• 그림과 글자로 꾸며져 있다. • • 무엇을 할인하는지 한눈에 알 수 있다. • 종이를 잃어버리면 내용을 확인할 수 없다.	• • 글자 크기와 색이 같다. • • 문자를 지우지 않으면 내용을 계속 확인할 수 있다.

인쇄 광고의 표현 방법이 궁금해요

• 비유적 표현이나 재미있는 광고 문구를 넣어 만든다.
• 글꼴이나 글자 크기, 색깔 등을 다르게 하여 깊은 인상을 남길 수 있다.
• 사진이나 그림 등의 자료를 사용하여 효과적으로 나타낼 수 있다.

2 블로그를 읽고 느낀 점 댓글 쓰기

크리스마스 섬 이야기

텔레비전에서 다큐멘터리를 즐겨 보는 민서의 장래 희망은 방송 기자예요. 그래서 방송에서 본 내용을 정리하여 블로그에 꾸준히 글을 쓰고 있어요. 블로그를 읽고 느낀 점을 댓글로 써 보세요.

크리스마스 섬의 기적

 박민서 2000. 10. 10 13:05

URL 복사

인도양에는 작고 이름도 예쁜 크리스마스 섬이 있다. 1964년 크리스마스 때 발견되어서 이름이 크리스마스 섬이 되었다는 유래도 재미있는데 이 예쁜 섬에는 아름다운 이야기도 전해진다.

매년 10월 이후 우기(일 년 중 비가 많이 오는 시기)가 되면 이 섬의 숲에 사는 붉은 게들이 바다를 향해 대이동을 한다.

이 섬은 매우 더운 날씨여서 게들이 평소에는 굴속에 살고 있다가 비가 오면 이동을 하는 것이다. 그것도 알을 낳기 위해서란다. 놀라운 것은 거의 1억여 마리나 되는 게들이 사람들 사는 곳을 지나서 바다로 가는 것이다.

그런데 그것보다 더 놀라운 것은 섬에 사는 사람들이 불편할 텐데도 누구 하나 짜증을 내지 않고 그들이 바다로 이동하는 데 도움을 준다는 것이다. 자동차가 다니던 도로에는 잠시 게들을 위해 차들이 다니지 않도록 하거나 다른 길로 돌아가라고 안내한다. 그리고 차들이 꼭 다녀야 하는 곳에는 게들이 안전하게 지나도록 사람들이 서서 도와준다. 나아가 게들만 다닐 수 있는 육교를 만들어 지나도록 해 놓았다.

그럼에도 게들이 바다로 가면서 자동차에 깔려 죽기도 하고, 천적인 노랑미친개미를 만나 죽기도 하고, 몸의 물기가 말라 죽기도 한다.

여러 어려움을 거쳐 바다로 도착하면, 만세를 부르듯이 집게발을 번쩍 들고 춤을 추듯이 몸 안에 있는 알들을 바닷물에 쏟아낸다. 암컷 한 마리가 낳는 알은 약 40만 개. 이 알들은 약 한 달 뒤에 새끼 게가 되고 몸이 단단해지게 되면 누가 가르쳐 주지도 않았는데, 어미 게들이 한 것처럼 거꾸로 숲을 향해 위험한 길을 떠난다.

#크리스마스   #크리스마스섬   #인도양   #붉은게

확인 이 내용이 담긴 디지털 매체는 ⬚ ⬚ ⬚ 이다.

▶ 민서는 블로그에 어떤 내용의 글을 썼는지 알맞은 것에 ○표를 하세요.

> 텔레비전에서 본 크리스마스 섬의 (붉은 게 , 노랑미친개미)에 대한 내용을 글로 썼다.

▶ 블로그의 내용으로 알맞은 것에 모두 ○표를 하세요.

> ㉮ 크리스마스 섬은 대서양에 있다.
> ㉯ 크리스마스 때 발견되어 크리스마스 섬이라는 이름이 붙여졌다.
> ㉰ 크리스마스 섬의 붉은 게들은 알을 낳기 위해 우기 때 바다로 간다.

활동 블로그를 다시 읽고 느낀 점을 댓글로 써 보세요.

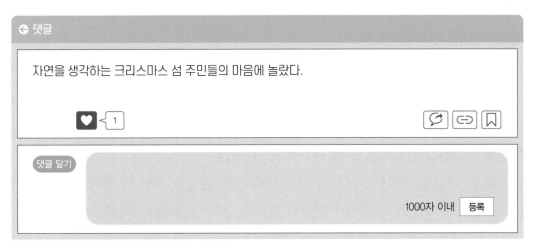

天적이 뭐예요? | • 잡아먹는 동물을 잡아먹히는 동물에 상대하여 이르는 말이다.
• 크리스마스 섬에서는 노랑미친개미가 붉은 게의 천적이다.
• 쥐의 천적은 뱀, 배추흰나비의 천적은 배추나비고치벌, 진딧물의 천적은 무당벌레이다.

1 뉴스 방송 대본을 읽고 SNS에 소개하는 글 쓰기

지혜의 책을 소개합니다

텔레비전 뉴스의 책 소개 시간에 세계 여러 나라의 지혜가 담긴 책에 대해 다루었어요. 뉴스 방송 대본을 읽고 지혜의 이야기책에는 어떤 것들이 있는지 알아보고, 나만의 지혜의 책을 한 권 골라 SNS에 소개해 보세요.

지식이 넘쳐나는 시대에 숨은 지혜 찾기. 오늘 '함께 읽어 봐요' 시간에는 세계 여러 나라의 지혜가 담긴 책에 대해 소개합니다. 김보미 기자입니다.

지혜서 하면 떠오르는 책이 한 권 있으실 겁니다. 바로 유대인들의 지혜서인 《탈무드》인데요, 《탈무드》에는 유대인들의 율법을 바탕으로 지혜롭게 문제를 해결하는 랍비들의 이야기가 담겨 있어요. 이야기 속에 삶의 지혜를 담아내기도 하고, 교훈을 주는 일화도 있으며, 동화 같은 이야기도 있어서 아이부터 어른까지 읽기에 좋습니다. "아이에게 약속을 지키지 않는 것은 거짓말을 가르치는 것이다.", "당신이 하고 싶지 않은 일은 남에게도 강요하지 마라."와 같은 이야기 속 짧은 글귀 속에서 유대인들의 지혜를 엿볼 수 있습니다.

두 번째 소개할 책은 《이솝 우화》인데요, 우화란 사람처럼 표현한 동물이나 식물 등이 주인공이 되어 그들의 행동을 통해 교훈을 드러내는 이야기입니다. 이러한 우화 가운데 가장 대표적인 것이 《이솝 우화》입니다. 《이솝 우화》는 기원전 6세기 경 그리스인이 지은 이야기입니다. 〈독수리와 여우〉, 〈여우와 신 포도〉가 많이 알려진 《이솝 우화》 속 이야기입니다.

세 번째 소개할 책은 《라퐁텐 우화》입니다. 이 책은 17세기 말 프랑스 시인 라 퐁텐이 쓴 열두 권짜리 우화집입니다. 인간에 대한 풍자와 비판 그리고 교훈을 담고 있습니다. 〈까마귀와 여우〉, 〈왕이 된 원숭이〉 등이 우리에게 많이 알려진 이야기입니다.

우화는 소설이나 동화처럼 이야기가 길거나 자세하지 않아요. 그 대신 누구나 쉽게 읽을 수 있는 짧은 이야기 속에 교훈을 하나씩 던져 준답니다. 오늘 읽은 이야기 속에 어떤 삶의 지혜가 숨겨져 있을지 궁금하지 않으신가요? 지금까지 ETS뉴스 김보미 기자였습니다.

확인 이 내용이 담긴 디지털 매체는 텔레비전 [ㄴ] [ㅅ] 이다.

▶ 텔레비전 뉴스에서는 무엇에 대해 소개하고 있는지 알맞은 것의 기호를 쓰세요.

> ㉮ 《탈무드》와 《이솝 우화》 외에 지혜가 담긴 책들
> ㉯ 지혜가 담긴 책인 《탈무드》, 《이솝 우화》, 《라퐁텐 우화》
> ㉰ 《탈무드》와 《이솝 우화》를 바탕으로 제작된 애니메이션

▶ 빈칸에 들어갈 알맞은 말에 ○표를 하세요.

> (《탈무드》 , 《이솝 우화》)는 유대인들의 율법을 바탕으로 지혜롭게 문제를 해결
> 하는 랍비들의 이야기가 담긴 책이다.

활동 나만의 지혜의 책 한 권을 골라 SNS에 소개해 보려고 합니다. 제시된 SNS를 참고하여
소개하는 내용을 써 보세요.

king.wt_07 · · ·

♡ ◯ ◁ · · · ⬆ 🔖
♥ 258 Likes

king.wt_07 #책읽는아이 #어린왕자 #도서

나만의 지혜의 책은 《어린왕자》야. 어린왕자와
꽃의 관계를 보면서 친구와의 우정을 다시 한번
생각해 보게 되었기 때문이야. 아직 못 읽은 친구
들은 한 번 읽어 보면 좋겠어. 이 책이 유명한 이
유를 알겠더라고.

sing.so_1203 · · ·

♡ ◯ ◁ · · · ⬆ 🔖
♥ 258 Likes

**친구들에게 책을 소개
해요**

- 친구들에게 소개하고 싶은 책을 떠올린다.
- 책에 대해 소개하고 싶은 내용을 간단하게 정리해 본다.
- 정리한 내용을 바탕으로 하여, 친구들에게 책을 소개하는 글을 쓴다.

2 온라인 대화와 인터넷 백과사전을 읽고 전자 우편 쓰기

소방관이 궁금해요

현우는 온라인 대화방에서 소방관 아저씨와 면담을 했어요. 그리고 인터넷 백과사전에서 소방관에 대해 더 조사해 보았어요. 온라인 대화와 인터넷 백과사전의 내용을 바탕으로 소방관 아저씨께 하고 싶은 말을 전자 우편으로 써 보세요.

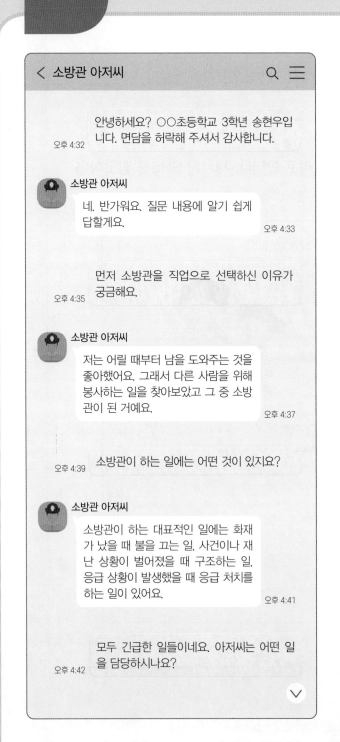

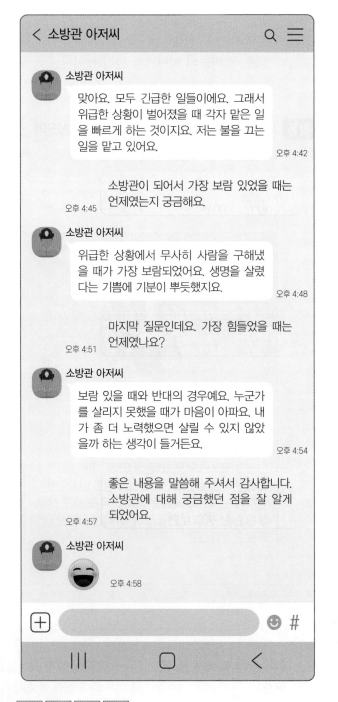

확인 이 내용이 담긴 디지털 매체는 온라인 대화방과 인터넷 | ㅂ | ㄱ | ㅅ | ㅈ |이다.

∨ — ⊡ ×

← → C 🔒 ☆ 👤 ⋮

ⓔ 똑똑백과사전   Q   사전 소개 | 연표 ☰

소방관

화재를 예방하거나 진압하고, 사고나 재난에서 사람을 구해 내는 일을 하는 사람.

직업 종류	서비스	★★★★★
필요한 능력	운동 신경	★★★★★
	봉사 정신	★★★★★
	성실성	★★★★★
관련 직업	경찰관, 간호사	

어떤 일을 하나요?

소방관은 화재가 났을 때 불을 끄는 기본적인 일부터 사건이나 재난이 생겼을 때 사람을 구하는 일, 응급 상황에서 아픈 사람에게 응급 처치를 하는 일까지 한다. 소방관은 하는 일에 따라 나눌 수 있는데 화재 예방이나 진압은 소방대원이, 사건이나 재난에서 사람을 구해 주는 일은 구조대원이, 응급 상황에서 응급 처치를 하는 일은 응급대원이 한다. 그밖에도 소방항공기를 이용하여 구조하는 일과 화재 예방 교육이나 건물의 소방 시설을 점검하는 일을 하기도 한다.

▲ 화재 진압

▲ 재난 사고 구조

▲ 응급 처치

어떤 사람에게 잘 맞는 직업인가요?

- 다른 사람을 위해 희생하고 봉사하는 것을 좋아하는 사람
- 어떤 일이라도 성실하고 책임감 있게 하는 사람
- 위기 상황에 빠르게 대처할 수 있는 사람

소방관이 되려면 어떻게 해야 하나요?

소방관을 뽑는 시험에 합격해야 한다. 소방 관련 내용을 배우는 학교를 다니면서 체계적인 지식을 배워 시험을 보기도 한다.

소방관이 입는 옷을 방화복이라고 해요

화재가 났을 때 소방관이 입는, 불에 타지 않는 천으로 만들어진 옷이 방화복이다. 방화복의 겉을 싸고 있는 천은 높은 온도에 닿아도 타거나 녹지 않아서 불을 끌 때 몸을 보호해 준다. 방화복의 안쪽에 있는 천은 뜨거운 열을 막아주고, 땀을 흡수하는 역할을 한다.

▶ 온라인 대화방과 인터넷 백과사전의 내용에 ○표를 하세요.

> 온라인 대화방과 인터넷 백과사전에는 (소방관 , 경찰관)에 대해 나와 있다.

▶ 온라인 대화의 특징으로 알맞은 내용을 모두 고르세요.

> ㉮ 직접 만나서 대화를 주고받는다.
> ㉯ 글을 통해 멀리 있는 사람과도 대화를 나눌 수 있다.
> ㉰ 대화를 하면 상대방에게 전달되는 데 시간이 오래 걸린다.
> ㉱ 생각이나 느낌을 생생하게 전달하기 위해 그림 문자를 사용하기도 한다.

▶ 소방관이 하는 일에 모두 ○표를 하세요.

화재가 났을 때 불을 끈다.	전쟁이 났을 때 나라를 지킨다.	재난이 났을 때 사람을 구조한다.
( )	( )	( )

4
주차

활동 1 온라인 대화방의 면담 내용과 인터넷 백과사전을 읽고 면담을 해 주신 소방관에게 하고 싶은 말을 정리해 보세요.

현우가 하고 싶은 말	내가 하고 싶은 말
• 보이지 않는 곳에서 우리들의 안전을 항상 지켜주셔서 감사하다. • 사고가 났을 때 구조하는 것도 소방관의 일이라는 것을 처음 알았다. • 소방관에게는 봉사하는 마음이 꼭 필요하다는 것을 알게 되었다.	

활동 2 정리한 내용을 바탕으로 면담을 해 주신 소방관에게 하고 싶은 말을 전자 우편으로 써 보세요.

1 인터넷 뉴스를 읽고 댓글 쓰기

파란 피를 가진 투구게

살아있는 화석이라고 불리는 투구게에 대한 인터넷 뉴스를 찾았어요.

피 색깔이 파란색인 투구게와 인간 사이에 어떤 일이 일어나고 있는지 읽어 보고 인터넷 뉴스에 댓글을 써 보세요.

NEWS | HOT뉴스 | 정치 | 스포츠 | TV연예 | 날씨   + ✉ ⠿

로그인 | 구독하기 | 마이페이지

투구게가 사라지고 있대요

기사전송 20○○.11.10. 오후 12:20   댓글 4 공감 22 공유

 강샘 기자 >

4억 5천만 년 전부터 끈질긴 생명력으로 지구에서 살고 있다는 투구게는 오늘날까지 거의 모습이 변하지 않아서 살아있는 화석이라고 불립니다. 그런데 이러한 투구게가 점점 사라지고 있다는 것을 알고 있나요?

투구게는 거미와 전갈에 가까운 동물로 이름만 게랍니다. 모습도 우리가 알고 있는 게와는 전혀 다릅니다.

이 투구게는 파란색 피를 갖고 있는데요, 이 피 때문에 점차 사라지고 있는 거랍니다.

투구게의 파란색 피에는 변형 세포란 게 들어 있는데, 이것은 바이러스나 곰팡이, 박테리아 등을 찾아냅니다. 그래서 세균이 퍼지는 것을 막아 주는 특징이 있습니다.

약을 만드는 회사에서는 투구게의 피를 뽑아서 오염 물질을 검출하는 LAL이라는 시약을 만들어냅니다. 이 시약은 백신 등의 안전성을 확인하기 위해 사용되는 것입니다. 우리가 예방 주사로 맞는 독감이나 코로나 백신 등이 이러한 과정을 거쳐 안전성을 확인한 것이지요.

이 시약을 만들기 위해 매년 많은 투구게들을 잡아 제약회사 실험실에서 피를 뽑아낸 뒤에 바다로 돌려보낸다고 합니다. 살아 있는 투구게들의 몸에 구멍을 뚫고 짧으면 하루, 길면 3일 동안 몸에 있는 피의 약 30%나 뽑아냅니다.

이러한 과정 중에 약 열 마리 중 네 마리가 죽게 되며, 바다로 돌려보내진 투구게라도 알을 갖지 못하게 되어 개체 번식이 어렵게 되는 것입니다.

인간의 안전과 미래를 위해 투구게의 피를 빌려 쓰고 있지만, 그 결과 점차 사라지고 있는 투구게.

투구게가 모두 사라진 날, 우리의 안전은 누가 지켜줄까요?

어떤 게 더 미래를 위한 행동인지 생각해 봐야 할 때입니다.

확인 이 내용이 담긴 디지털 매체는 [ㅇ][ㅌ][ㄴ][ㄴ][ㅅ]이다.

4
주차

▶ 인터넷 뉴스의 주제는 무엇인지 알맞은 것에 ○표를 하세요.

> 살아있는 화석이라 불리는 투구게가 발견되었다.

> 살아있는 화석이라 불리는 투구게가 점점 사라지고 있다.

▶ 이 인터넷 뉴스의 내용으로 알맞은 것을 모두 골라 기호를 쓰세요.

> ㉮ 투구게는 게와 모습이 비슷하다.
> ㉯ 백신 등의 안전성을 확인하는 데 투구게의 파란색 피가 활용되는 것이다.
> ㉰ 투구게의 피 속에 있는 변형 세포는 바이러스, 박테리아, 곰팡이 등이 퍼지는 것을 막아준다.

활동 인터넷 뉴스를 다시 읽고 댓글을 써 보세요.

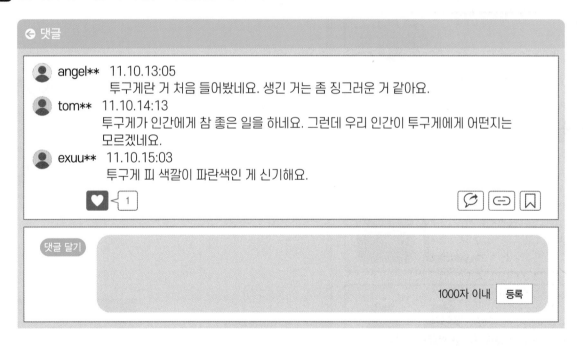

> ← 댓글
>
> angel** 11.10.13:05
> 투구게란 거 처음 들어봤네요. 생긴 거는 좀 징그러운 거 같아요.
> tom** 11.10.14:13
> 투구게가 인간에게 참 좋은 일을 하네요. 그런데 우리 인간이 투구게에게 어떤지는 모르겠네요.
> exuu** 11.10.15:03
> 투구게 피 색깔이 파란색인 게 신기해요.
>
> ♥ 1
>
> 댓글 달기
>
> 1000자 이내 | 등록

백신이 궁금해요

- 전염병에 걸리지 않게 하기 위해 몸에 넣는 물질의 하나이다.
- 백신은 1796년 영국의 에드워드 제너가 천연두를 치료하기 위해 처음 만들었다.
- 백신이란 말은 파스퇴르에 의해 처음 사용되었다.
- 장티푸스, 콜레라, 독감, 코로나 백신 등이 있다.

2 웹툰을 읽고 SNS에 글 쓰기

샌드위치 만들기

민석이는 주말마다 온라인 요리 교실에 참여해요. 이번 주에는 BLT 샌드위치를 만들어 보기로 했어요. 웹툰 내용을 바탕으로 SNS에 올릴 나만의 샌드위치 레시피를 써 보세요.

오늘의 메뉴는 비엘티(BLT) 샌드위치입니다.

비엘티 샌드위치는 베이컨, 양상추, 토마토의 앞 글자를 따서 만든 샌드위치입니다.

미리 안내된 대로 재료는 준비되었지요? 그럼, 샌드위치를 만들어 보겠습니다.

다 만든 샌드위치는 칼을 이용하여 반으로 자릅니다. 칼을 이용할 땐 부모님의 도움을 받도록 하세요.

샌드위치 만들기

01 재료(2인분)

식빵 4쪽
베이컨 2줄
양상추 조금
토마토 한 개
마요네즈, 머스터드 소스
위생 장갑

02 만들기

1. 식빵의 한쪽 면에 마요네즈와 머스터드를 넓게 펴 바른다.
2. 양상추, 베이컨, 토마토를 순서대로 올린다.
3. 다른 식빵으로 덮는다.

03 자르기

비닐 랩이나 기름종이로 잘 감싼 후 칼로 반을 자른다.

확인 이 내용이 담긴 디지털 매체는 [ㅇ] [ㅌ] 이다.

▶ 비엘티(BLT) 샌드위치의 비엘티는 각각 어떤 재료를 뜻하는지 모두 골라 ○표를 하세요.

달걀프라이	베이컨	양상추	토마토

▶ 비엘티(BLT) 샌드위치를 만들 때 가장 먼저 할 일은 무엇인지 기호를 쓰세요.

㉮ 비닐 랩이나 기름종이로 싼다.
㉯ 다른 식빵으로 덮은 뒤 꾹꾹 누른다.
㉰ 식빵의 한쪽 면에 마요네즈와 머스터드를 넓게 펴 바른다.

활동 다음은 SNS에서 찾은 햄버거 레시피입니다. 이를 참고하여 SNS에 올릴 나만의 샌드위치 레시피를 써 보세요.

*^^*

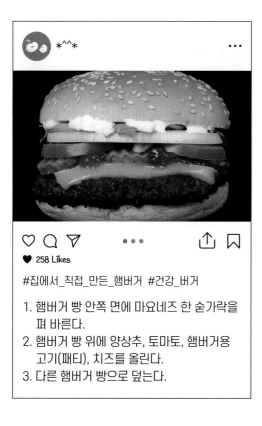

258 Likes

#집에서_직접_만든_햄버거 #건강_버거

1. 햄버거 빵 안쪽 면에 마요네즈 한 숟가락을 펴 바른다.
2. 햄버거 빵 위에 양상추, 토마토, 햄버거용 고기(패티), 치즈를 올린다.
3. 다른 햄버거 빵으로 덮는다.

*^^*

258 Likes

레시피가 뭐예요?

- 레시피는 음식을 만드는 데 필요한 재료, 방법, 과정 등을 말한다.
- 레시피에는 음식의 재료와 만드는 방법과 과정이 순서대로 들어가야 한다.
- 재료의 이름이나 분량이 정확하면 더 좋다.

1 다음 매체를 알맞게 읽지 <u>않은</u> 친구의 이름을 쓰세요.

> 희경: 박은경 기자가 쓴 인터넷 뉴스이다.
> 명수: 기사를 입력한 날짜와 시간을 알 수 없다.
> 인준: 자연재해를 대비할 수 있다는 내용의 기사임을 짐작할
> 수 있다.

(   )

2 다음과 같은 매체는 무엇인가요? (   )

① SNS
② 블로그
③ 인터넷 뉴스
④ 인터넷 게시판
⑤ 인터넷 백과사전

3 다음 매체를 읽고 정리한 것입니다. 빈칸에 들어갈 알맞은 말에 ○표를 하세요.

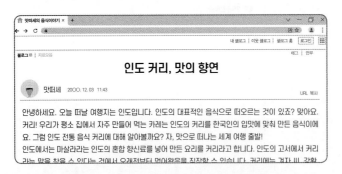

- 이 매체는 (블로그 , 인터넷 백과사전)이다.
- 이 매체를 쓴 사람은 실제 이름을 밝히지 않았다.
- 이 매체를 읽으면 인도의 (커리 , 타코)에 대한 정보를 알게 된다.

확인 문제 »

4 인터넷 게시판에 댓글을 쓸 때 주의할 점입니다. 빈칸에 들어갈 알맞은 말에 ○표를 하세요.

> - 함부로 말하거나 비웃고 헐뜯는 말을 하지 않는다.
> - (착한 , 나쁜) 댓글을 쓰지 않는다.
> - 글쓴 사람을 (욕하는 , 칭찬하는) 내용의 글은 쓰지 않는다.
> - 게시판의 주제와 상관 없는 내용을 쓰지 않는다.

5 다음과 같은 상황에 찾아볼 매체로 알맞은 것은 무엇인가요? (   )

> - 대상에 대한 기초적인 정보를 얻고 싶을 때
> - 대상과 관계된 다양한 사진 자료를 찾아보고 싶을 때
> - 대상에 대한 시대적 의미와 사회적 배경 등을 자세히 알고 싶을 때

① SNS   ② 블로그   ③ 인터넷 뉴스   ④ 인터넷 게시판   ⑤ 인터넷 백과사전

6 다음은 어떤 매체에 대한 설명인가요? (   )

> - 비유적 표현이나 재미있는 문구를 넣어 만든다.
> - 글꼴이나 글자 크기, 색깔 등을 다르게 하여 깊은 인상을 남길 수 있다.
> - 이미지와 잘 어울리는 자료를 사용하여 효과적으로 나타낼 수 있다.

① 광고   ② 블로그   ③ 인터넷 뉴스   ④ 인터넷 게시판   ⑤ 인터넷 백과사전

7 다음에 대한 설명으로 알맞지 <u>않은</u> 것의 기호를 쓰세요.

지식이 넘쳐나는 시대에 숨은 지혜 찾기. 오늘 '함께 읽어 봐요' 시간에는 세계 여러 나라의 지혜가 담긴 책에 대해 소개합니다. 김보미 기자입니다.

지혜서 하면 떠오르는 책이 한 권 있으실 겁니다. 바로 유대인들의 지혜서인 《탈무드》인데요. 《탈무드》에는 유대인들의 율법을 바탕으로 지혜롭게 문제를 해결하는 랍비들의 이야기가 담겨 있어

> ㉮ 인터넷 뉴스이다.
> ㉯ 아나운서와 기자가 나온다.
> ㉰ 세계 지혜의 책을 소개하고 있다.
> ㉱ 자세한 내용은 기자가 전달하고 있다.

(   )

발표, 해 보니 별것 아니네

유관순 열사의 고향에 직접 다녀온 소진이는 부지런히 발표 준비를 했어요.

"엄마, 이 사진 뽑아서 제 발표 자료로 쓸래요!"

그곳에서 찍어 온 휴대 전화 사진 데이터들을 쭉 보다가 필요한 것들을 추려서 사진으로 뽑았어요.

발표 주제는 당연히 '유관순 열사'예요. 커다란 흰 종이에 '대한 독립 만세- 유관순 열사!'라고 큰 제목을 쓰고 출력한 사진들을 예쁘게 붙이고 곳곳에 설명을 달았어요. 매직과 색색의 사인펜으로 또박또박 글씨를 예쁘게 쓰고, 그곳에서 들었던 노래 〈대한이 살았다〉 노랫말을 쓰는 등 꼼꼼하게 정리했어요. 학교랑 학원을 다니면서 틈틈이 하느라고 이틀이나 걸렸어요.

소진이의 발표 자료가 다 완성된 걸 본 엄마가 새로운 제안을 했어요.

"소진아, 발표 자료 만드느라고 정말 고생했어. 엄마가 한 가지 제안을 하고 싶은데 한번 들어봐. 그동안 네가 발표할 때마다 떨려서 잘 못했다고 하니, 엄마랑 같이 발표 연습을 해 보면 어떨까?"

"발표 연습?"

"발표할 때랑 똑같이 하는 거야. 엄마 앞에서 발표하는 것도 역시 떨리겠지만, 한번 해 보고 어떤 점을 고쳐야 할지 생각해 보는 거야. 그리고 다시 해 보면 발표하는 날에는 별로 떨리지 않을 거야."

소진이는 머뭇거렸어요. 엄마 앞에서 발표하는 것도 반에서 발표하는 것과 마찬가지로 긴장됐거든요.

"소진아, 네가 떨리고 긴장된다는 것, 다 알아. 그렇지만 발표할 때마다 떨리고 힘들면 네 학교생활이 힘들잖니? 그걸 이겨내야 너도 자신감이 생길 거야."

소진이는 무겁게 고개를 끄덕였어요. 반에서 발표할 때마다 바보가 되긴 싫었어요. 엄마가 동영상을 찍어준다고 해서 더 긴장했어요.

"네가 좋아하는 가수 오빠들도 춤이나 노래 영상을 찍어 보고 부족한 점을 찾아본 뒤 연습을 통해 더 완벽한 무대를 만들 수 있는 거야."

소진이는 엄마의 말에 어쩔 수 없이 준비했어요.

소진이는 자신이 준비한 발표 자료를 옆에 세워 두고 발표를 시작했어요. 엄마는 그 모습을 동영상에 고스란히 담았지요. 발표가 모두 끝난 뒤 엄마가 "잘했다!"며 손뼉을 치셨어요. 부끄러운지 소진이의 얼굴이 빨개졌어요. 두 사람은 발표 동영상을 차근차근 살펴보았어요. 엄마가 굳이 말씀하시지 않아도 소진이는 자신이 발표할 때 어떤 점이 어색하고 부족한지를 알 수 있었어요.

"엄마, 말을 더 천천히 또박또박 하고, 앞의 사람을 바라보고, 조금 더 편한 표정으로 하면 좋겠지요? 발표가 끝나고 나면 인사도 하고요."

소진이의 말에 엄마가 고개를 끄덕였어요.

"우리 딸, 엄마가 더 말할 필요 없겠네. 네가 말한 대로 다시 한 번 해 볼래?"

소진이는 발표 동영상을 두 번이나 더 찍었어요. 마지막 발표 동영상에서는 소진이의 모습에서 자신감이 돋보였지요.

"잘했다, 우리 딸! 이젠 발표하러 나가서도 떨리지 않겠지? 처음부터 완벽하게 하는 사람은 없어. 미리 연습하고, 자신감 있게 발표하면 된단다."

엄마 말씀이 옳았어요.

'발표 그까짓 거! 내가 보란 듯이 잘해내겠어!'

소진이도 마음속으로 다짐했답니다.

사회 시간 발표 날이었어요. 드디어 소진이의 차례가 되었지요. 소진이는 다른 날과 달리 당당한 걸음걸이로 앞으로 나갔어요.

"안녕하세요? 저는 여소진입니다. 제가 오늘 발표할 주제는 '대한 독립 만세-유관순 열사'입니다. 저는 이 발표를 준비하기 위해 지난 주 토요일에 엄마와 함께 유관순 열사 유적지와 아우내 장터를 다녀왔습니다. 여기에 있는 사진들은 모두 제가 직접 찍은 것들입니다."

평소와는 완전히 다른 소진이의 당당함에 아이들은 눈을 떼지 못했어요. 심지어 살짝 웃기도 했지요.

"우리 반 친구들은 모두 유관순 열사를 다 알고 있을 겁니다. 그렇지만 이번에 제가 직접 유관순 열사의 고향인 천안의 병천과 아우내 장터를 다녀오면서 느낀 점은……."

소진이의 거침없고 재미있는 발표에 반 아이들이 흠뻑 빠져들었어요. 발표

를 모두 마친 소진이는 멋지게 인사하며 마무리했어요.

"여소진, 정말 잘했어! 정말 잘 준비했고 발표도 정말 잘했어!"

담임선생님은 칭찬을 아끼지 않으셨고, 아이들도 힘껏 손뼉을 쳐주었어요.

"야, 여소진. 발표가 무섭다며? 너 완전 딴 애 같다!"

진아가 엄지손가락을 치켜세웠어요. 소진이도 속으로 생각했지요.

'헤헤, 발표 그까짓 거! 해 보니 별것 아니네.'

사랑해, 우리말

웹툰 내용

스쿨버스가 다른 차와 부딪치는 사고가 났어요. 다행히 비니와 파니의 친구들은 안전벨트를 하고 있어서 다치지 않았어요.

외국어를 우리말로 바꾸어요

- 스쿨버스 ➡ 통학 버스, 학교 버스
- 안전벨트 ➡ 안전띠
- 스쿨존 ➡ 어린이 보호 구역

디지털 매체 **활용 정보**

외국어를 우리말로 바꾸어 사용하고 싶을 때는 인터넷 국어사전을 활용하여 정확한 의미와 예시, 알맞은 우리말을 찾을 수 있다.

함평 나비 대축제에 다녀 오셨군요!
날씨도 좋고, 정말 재미있었겠어요.

어머, 여기가 어디예요? 우리도 가족 여행 준비 중인데 축제 정보 좀 줄 수 있어요?

네. 함평 나비 대축제는 친환경 지역인 함평에서 하는 행사예요. 블로그 하나 연결해 줄 테니 한 번 읽어 보세요.

웹툰 내용

소현이네 가족은 어디로 나들이를 갈까 고민하다가 이모와의 온라인 대화에서 함평 나비 대축제에 대한 정보를 얻고 그곳으로 가기로 했어요.

함평 나비 대축제

함평 나비 대축제는 친환경 지역인 함평에서 열리는 행사예요.

디지털 매체 활용 정보

지역 축제에 대한 전문적인 정보를 찾고 싶을 때는 인터넷 백과사전이나 인터넷 누리집을 활용하고, 경험을 바탕으로 한 정보를 찾고 싶을 때는 인터넷 게시판, 온라인 대화방이나 SNS를 활용할 수 있다.

미래의 교통수단

웹툰 내용

미래는 연구원인 이모와 미래의 교통수단에 대해 이야기를 했어요. 이모는 자기 부상 열차나 하늘을 나는 택시도 곧 볼 수 있을 것이라고 했어요.

미래의 교통수단

우리나라에서는 미래의 교통수단으로 자기 부상 열차나 하늘을 나는 택시 등을 개발하고 있어요.

디지털 매체 활용 정보

미래의 교통수단에 대한 전문적인 정보를 찾고 싶을 때는 인터넷 백과사전을 활용하고, 경험을 바탕으로 한 정보를 찾고 싶을 때는 인터넷 게시판이나 블로그를 활용할 수 있다.

다섯 글자로 전해요

웹툰 내용

순수네 가족은 가족 회의에서 서로에게 하고 싶은 말을 다섯 글자로 말하기로 했어요.

하고 싶은 말을 하는 방법

서로에게 하기 힘들었던 말을 할 때는 솔직하게 해야 해요.

디지털 매체 활용 정보
....
하고 싶은 말을 솔직하게 하는 방법에 대해 경험을 바탕으로 한 정보를 찾고 싶을 때는 인터넷 게시판, 온라인 대화방 등을 활용할 수 있다.

물고기를 키워요

무조건 예쁜 거로 고를 거야.

나두, 나두.

집에서 기르는 물고기를 고를 때는 무엇보다 기르는 데 어렵지 않은 것을 고르는 것이 중요하단다.

네

웹툰 내용

아이들이 엄마와 함께 수족관에 갔어요. 집에서 반려 물고기를 기르기로 했거든요. 반려 물고기와 필요한 여러 가지 물품들을 살 거예요.

반려 물고기를 고를 때 주의할 점

집에서 기르는 물고기를 고를 때는 기르기에 어렵지 않은 것을 고르는 것이 중요해요.

디지털 매체 활용 정보

반려 물고기를 기르는 데 필요한 전문적인 정보를 찾고 싶을 때는 인터넷 백과사전을 활용하고, 경험을 바탕으로 한 정보를 찾고 싶을 때는 인터넷 게시판, 블로그나 SNS를 활용할 수 있다.

오늘의 메뉴는 비엘티(BLT) 샌드위치입니다.

비엘티 샌드위치는 베이컨, 양상추, 토마토의 앞 글자를 따서 만든 샌드위치입니다.

미리 안내된 대로 재료는 준비되었지요? 그럼, 샌드위치를 만들어 보겠습니다.

다 만든 샌드위치는 칼을 이용하여 반으로 자릅니다. 칼을 이용할 땐 부모님의 도움을 받도록 하세요.

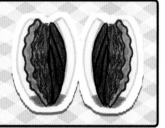

웹툰 내용

온라인 요리 교실에서는 비엘티 샌드위치를 만드는 방법을 알려주었어요.

BLT(비엘티) 샌드위치 만드는 방법

빵에 베이컨, 양상추, 토마토를 차례대로 올리고 빵을 위에 덮으면 완성되어요.

디지털 매체 활용 정보

BLT(비엘티) 샌드위치를 만드는 데 필요한 전문적인 정보를 찾고 싶을 때는 인터넷 백과사전이나 블로그를 활용하고, 경험을 바탕으로 한 정보를 찾고 싶을 때는 온라인 대화방이나 SNS를 활용할 수 있다.

3단계에서 배운 내용 다시 보기

EBS
당신의 문해력

디지털독해가
문해력이다

3단계
초등 3~4학년 권장

정답과 해설

1
주차

정답과 해설

1회

생활

1 온라인 대화를 읽고 자기소개하기

반갑다, 친구야

새 학년이 되었어요. 보민이네 반에서는 선생님과 반 친구들이 함께하는 온라인 대화방을 만들고 자기소개를 했어요. 나라면 온라인 대화방에서 어떻게 자기소개를 할지 써 보세요.

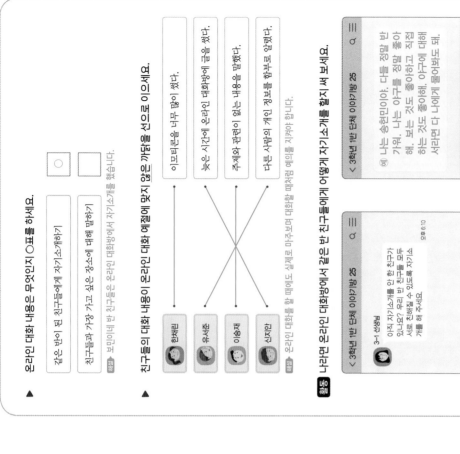

확인 이 내용이 담긴 디지털 매체는 온라인 [대] [화] [방] 이다.

▲ 온라인 대화 내용은 무엇인지 ○표를 하세요.

- 같은 반이 된 친구들에게 자기소개하기
- 친구들과 가장 가고 싶은 장소에 대해 말하기

해설 보민이네 반 친구들은 온라인 대화방에서 자기소개를 했습니다.

▲ 친구들의 대화 내용이 온라인 대화 예절에 맞지 않은 까닭을 선으로 이으세요.

한채린	이모티콘을 너무 많이 썼다.
유서준	늦은 시간에 온라인 대화방에 글을 썼다.
이승재	주제와 관련이 없는 내용을 말했다.
신지안	다른 사람의 개인 정보를 함부로 알렸다.

해설 온라인 대화를 할 때에도 실제로 마주 보며 대화할 때처럼 예의를 지켜야 합니다.

활동 나라면 온라인 대화방에서 같은 반 친구들에게 어떻게 자기소개를 할지 써 보세요.

해설 자기소개를 할 때는 이름과 자신이 좋아하는 것, 잘하는 것 등을 말합니다.

온라인 대화를 할 때
주의할 점이 있나요?

- 주제와 관련된 내용을 말해야 한다.
- 이모티콘을 너무 많이 사용하지 않아야 한다.
- 개인 정보를 함부로 알리지 않아야 한다.
- 너무 늦은 시간에는 대화를 하지 않아야 한다.

1회 생활

② 블로그를 읽고 내용 정리하기

세계 공통의 약속

물건의 길이나 무게, 들이를 재어 본 적이 있나요? 여러 가지 기록을 할 때 어떤 단위를 사용할까요? 블로그를 읽고 잇달 영국과 중국에서는 단위를 어떻게 사용했는지 단위 카드로 정리해 보세요.

블로그 >

세계 공통의 약속

파룻파룻한 새싹이 · 20○○. 10. 09 17:33

내 블로그 | 이웃 블로그 | 블로그 홈 | 로그인 · 메모 | 안부

길이의 단위를 알아볼까요? 단위는 길이나 무게, 양 등을 잴 때 쓰는 기준을 말해요. 요즘 전 세계에서 공통으로 사용하는 길이의 단위는 cm, m, km예요. 하지만 옛날에는 각 나라마다 길이를 재는 단위가 다 달랐어요. 고대 이집트에서는 몸을 이용하는 '큐빗'이라는 단위를 만들었어요. 팔꿈치에서 손끝까지의 길이를 1큐빗이라고 불렀어요.

유럽에서도 몸을 이용한 단위를 만들었어요. 영국의 헨리 1세는 팔을 뻗었을 때 코끝에서 엄지손가락 끝까지의 길이를 '야드', 엄지손가락의 너비를 '인치'라고 정했어요.

중국에서도 몸을 이용하셨는데, 손을 폈을 때 엄지손가락 끝에서 가운뎃손가락 끝까지의 길이를 '자'라고 했고요.

이렇게 나라마다 기준이 되는 단위가 다르니 여러 가지 불편한 점이 많았어요. 그래서 1800년대 때 프랑스에서 공통으로 사용하는 길이의 단위 '미터(m)'를 만들었는데 4천만분의 1을 뜻했어요. 이 단위가 현재 전 세계에서 공기가 닿지 않는 상태에서 빛이 2억 9979만 2458분의 1초 동안 이동한 길이를 말해요. 1미터의 100분의 1을 1센티미터(cm), 1000배를 1킬로미터(km)라고 해요.

나라마다 달은 다르지만 길이를 재는 단위가 같다는 것이 놀랍지 않나요? 오랜 시간이 걸리기는 했지만 이러한 단위의 통일은 전 세계가 한 약속이랍니다.

#길이단위 #단위 #야드 #큐빗 #인지 #자 #미터 #센티미터 #킬로미터

활동 이 내용이 담긴 디지털 매체는 블 로 그 이다.

▲ 다음에서 설명하는 단위는 무엇인지 쓰세요. 예 큐빗

• 고대 이집트에서 사용했던 몸의 길이를 이용한 단위이다.
• 팔꿈치에서 손끝까지의 길이는 1□□이다.

해설 블로그에서 설명한 고대 이집트의 단위에 대한 내용을 살펴봅니다.

▲ 단위에 대한 설명으로 알맞은 것에 모두 ○표를 하세요.

미터(m)는 전 세계에서 사용하는 길이 단위이다.

길이를 재는 단위는 나라마다 다르지만 같은 양도 있다.

고대 이집트와 영국의 헨리 1세 때는 몸을 이용한 길이 단위를 사용했다.

해설 나라마다 많은 다르지만 길이를 재는 단위는 같습니다.

활동 블로그의 내용을 바탕으로 단위 카드를 완성해 보세요.

영국

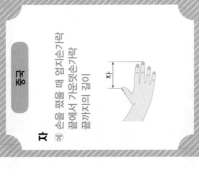

인지 엄지손가락의 너비

야드 팔을 뻗었을 때 코끝에서 엄지손가락 끝까지의 길이

푸트 발의 뒤꿈치에서 엄지발가락 끝까지의 길이

중국

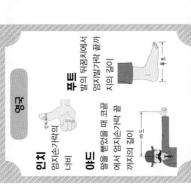

자 예 손을 폈을 때 엄지손가락 끝에서 가운뎃손가락 끝까지의 길이

해설 영국이 헨리 1세는 '인지, 야드, 푸트'를, 중국에서는 '자'라는 단위를 만들었습니다.

들이와 무게는 얼마나

• 들이: 그릇의 안에 넣을 수 있는 물건 부피의 최대의 크기를 말한다. 들이의 단위에는 밀리리터(mL), 리터(L)가 있다.
• 무게: 지구가 물체를 잡아당기는 힘을 말한다. 무게의 단위에는 밀리그램(mg), 그램(g), 킬로그램(kg)이 있다.

2회
문화

❶ 웹툰을 읽고 외국어를 우리말로 바꾸기

사랑해, 우리말

비니와 파니가 학교 앞에 있어요. 이야기를 주고받으며 외국어를 많이 사용하네요. 웹툰 〈사랑해, 우리말〉을 읽고 비니와 파니의 대화 속에 나온 외국어를 우리말로 바꾸어 보세요.

사랑해, 우리말 〈학교 앞에서〉

비니, 뉴스! 스쿨버스가 다른 차에 부딪혔어. 다행히 모두 안전벨트를 하고 있어서 다친 친구들은 없대.

스쿨존에서는 차들이 천천히 달려야 하는데.

활동 이 내용이 담긴 디지털 매체는 | 웹 | 툰 |이다.

웹툰에 어떤 외국어가 나오는지 살펴볼까요?

스쿨버스
- 뜻: 학교 등하교를 위해 다니는 버스.
- 우리말: 통학 버스, 학교 버스

안전벨트
- 뜻: 자동차나 비행기 등에서 사고가 났을 때 충격으로부터 사람을 보호하기 위해 좌석에 고정하는 띠.
- 우리말: 안전띠

스쿨존
- 뜻: 유치원이나 초등학교 정문에서 300미터 이내의 통학로.
- 우리말: ?

1
주차

▶ 웹툰에서 비니와 파니가 있는 장소로 알맞은 것에 ○표를 하세요.

| 집 앞 | (학교 앞) | 병원 앞 |

해설 웹툰 첫 장면에서 비니와 파니는 학교 앞에 있습니다.

▶ 외국어를 우리말로 알맞게 바꾼 것을 선으로 이어 보세요.

스쿨버스 ─── 안전띠
안전벨트 ─── 학교 버스

해설 '스쿨버스'는 '통학 버스'나 '학교 버스'로, '안전벨트'는 '안전띠'로 바꿀 수 있습니다.

활동 비니가 한 말 중 외국어 '스쿨 존'을 알맞은 우리말로 바꾸어 써 보세요.

바꾸기 전
스쿨존에서는 차들이 천천히 달려야 하는데.

↓

바꾼 후
(예) 어린이 보호 구역(학교 지역)에서는 차들이 천천히 달려야 하는데.

해설 외국어 '스쿨 존'은 '우리말 '어린이 보호 구역'이나 '학교 지역'으로 바꿀 수 있습니다.

웹툰이 뭐예요?

- 동영상이나 음성 등 여러 멀티미디어를 이용하는 인터넷을 뜻하는 웹(web)과 만화를 뜻하는 카툰(cartoon)을 합친 말이다.
- 인터넷을 통해 여러 화면으로 나누어 싣고 놓고 볼 수 있도록 독특한 만화이다.

▲ 뉴스 방송 대본을 읽고 알 수 있는 내용에 ○표를 하세요.

OO시의 모든 어린이 보호 구역에 CCTV를 설치한다. [○]

OO시의 모든 어린이 보호 구역에서 어린이 교통사고가 감소하고 있다. [□]

해설 이 텔레비전 뉴스에에서는 모든 어린이 보호 구역에 어린이 보호 구역에 CCTV를 설치한다는 내용을 전하고 있습니다.

▲ 이와 같은 텔레비전 뉴스에서 기자가 주의할 점으로 알맞은 것의 기호를 쓰세요. 답 ㉯

㉮ 자신의 생각이나 느낌을 중심으로 이야기해야 한다.
㉯ 취재한 것을 사실적인 내용을 보도해야 한다.

해설 기자는 취재한 것을 바탕으로 사실적인 내용을 보도해야 합니다.

활동 현준이는 텔레비전 뉴스를 보고 온라인 대화방에서 친구들과 뉴스 내용에 대해 의견을 나누었습니다. 뉴스 내용에 대해 어떻게 생각하는지 의견을 써 보세요.

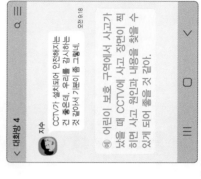

< 대화방 4

지수
CCTV가 설치되어 안전해지는 건 좋은데, 우리를 감시하는 것 같아서 기분이 좀 그렇네. 오전 9:18

(예) 어린이 보호 구역에서 사고가 났을 때 CCTV에 사고 장면이 찍히면 사고 원인과 내용을 찾을 수 있게 되어 좋을 것 같아.

< 대화방 4

현준
얘들아. 내가 텔레비전 뉴스를 봤는데, 어린이 보호 구역에 CCTV를 설치한대. 정말 좋지 않니? 오전 9:11

한영
나도 이야기. 그 뉴스 봤어. 불법 주정차를 단속한다니 다행이야. 골목 길에 때마다 서 있는 차들 때문에 신호등이 잘 보이지 않아 불편했거든. 오전 9:13

해설 어린이 보호 구역 CCTV 설치에 대해 생각한 점을 씁니다.

주차와 정차는 다른 것인가요?

• 주차는 자동차가 사람을 태우기 위해, 화물을 싣기 위해, 또는 고장나서 정지하여 있는 상태를 말한다. 운전자가 자동차로부터 떠나 있어서 즉시 운전할 수 없다.
• 정차는 자동차가 6분 이상 멈추어 있는 상태를 말한다.

---

1 뉴스 방송 대본을 읽고 온라인 대화방에 의견 쓰기

어린이 보호 구역 CCTV 설치

OO시에 사는 현준이는 평소 하교 하교 앞 어린이 보호 구역 표지가 궁금했어요. 텔레비전에서 모든 어린이 보호 구역에 CCTV가 설치된다는 내용의 뉴스를 보았어요. 텔레비전 뉴스 대본을 읽고 온라인 대화방에 의견을 써 보세요.

오늘 OO시에서는 모든 어린이 보호 구역에 CCTV를 설치한다고 발표했습니다. 자세한 내용은 OO 김지민 기자가 알려드리겠습니다.

어린이 보호 구역에 CCTV 설치, 분 밤 주정차 과태료 부과

OO시는 바뀐 도로 교통법 시행령에 따라 내년 12월까지 OO시에 있는 모든 어린이 보호 구역에 CCTV를 설치한다고 합니다. 또 불법 주정차 단속을 위한 CCTV도 어린이 보호 구역에 먼저 설치하고, 교통사고를 일으키는 원인을 찾아 어린이들이 안전하게 학교를 다닐 수 있도록 할 계획입니다.

어린이 보호 구역에서 불법으로 주차나 정차를 하는 차들은 운전자와 어린이의 시야를 제한하기 때문에 어린이 교통사고의 큰 위험 요소로 지적되어 있습니다. 신호 위반과 과속 역시 큰 문제입니다.

바뀐 법에 따라 어린이 보호 구역에서는 주차할 수 없으며 운전 차량은 시속 30킬로미터로 속도를 줄여야 합니다. 어린이 보호 구역에서 불법 주정차를 할 경우 과태료를 내야 하며, 어린이가 다칠 경우 더 많은 벌금의 처벌이 따릅니다.

하지만 어린이 교통사고의 핵심은 운전자에 대한 처벌이 아닌 사고 예방이기 때문에 OO시는 모든 어린이 보호 구역에 안전의 중요성을 알고 OO시 누리집이나 소식지 등을 통해 다양한 홍보를 하여 시민들의 불편함을 줄인다고 합니다. 지금까지 ETS뉴스 김지민 기자였습니다.

활동 이 내용이 담긴 디지털 매체는 텔레비전 [뉴] [스]이다.

3회 역사

1 인터넷 백과사전을 읽고 광고 만들기

역사 박물관, 강화도

강화도는 섬 전체가 우리나라의 역사 박물관으로 불릴 정도로 유적이 많은 곳이에요. 현우는 인터넷 백과사전에서 강화도에 대한 정보를 찾아보았어요. 조사한 내용을 바탕으로 강화도를 소개하는 광고를 만들어 보세요.

독독백과사전 | 사진 소개 | 연표

강화도

위치	인천광역시 강화군
면적	305.65㎢
해안선 길이	106.5km
자연 환경	산, 평지, 해안
관광지	마니산, 고인돌, 전등사, 광성보, 동막해변, 갑곶돈대
교통	올림픽대로 개화 IC(48번 국도) ▲ 김포 ▲ 강화읍

자연 환경 및 생산품
강화도는 인천광역시 강화군에 위치한 섬이다. 날씨는 대체로 따뜻하다. 마니산, 고려산 등이 섬에 있다. 섬의 곳곳에 넓은 평지가 있어 벼농사를 많이 짓는다. 해안 지역에는 새우, 조개 등이 해산물이 많이 잡히고, 인삼, 화문석 등이 특산물이 있다.

역사
강화도는 선사 시대부터 현재까지 매 시대마다 역사적인 사건이 많이 일어난 곳이다. 유네스코 세계 유산으로 지정된 고인돌과 참성단 등이 유적도 있고, 고려궁지, 갑곶돈대, 광성보 등이 역사적인 장소도 남아 있다.

선사 시대
강화도에는 청동기 시대의 중요한 유적인 고인돌이 있다. 그중 강화군 부근리에 있는 고인돌은 유네스코 세계 유산으로 지정되었다. 이 고인돌은 탁자식 고인돌로, 동부 지방에서는 보기도 힘든 모양이다. 또 청동기 시대에 단군왕검이 하늘에 제사를 지낸 유산으로 전해지는 참성단도 있다. 참성단에서는 지금도 매년 10월 3일 개천절에는 단군제를 지낸다.

확인 이 내용이 담긴 디지털 매체는 인터넷 백 과 사 전 이다.

---

1 주차

고인돌 청동기 시대의 유적으로, 유네스코에 등재된 한국의 세계 유산

전등사 삼국 시대에 고구려의 승려가 지은 절

삼국 시대
삼국 시대에는 고구려, 백제, 신라가 서로 한강을 차지하려고 했다. 한강 주변은 한반도의 가운데에 있기 때문에 어느 지역으로 가기 편했고, 농사가 잘되어서 백성이 살기에 좋았기 때문이다. 백제, 고구려, 신라의 순서대로 한강을 차지하였는데 강화도는 한강으로 들어가려는 적군을 막을 수 있는 중요한 위치여서 나라를 지키기 위한 요새를 많이 만들었다.

고려 시대
강화도는 고려가 몽골군과 싸우는 동안 고려의 수도 역할을 했다. 고려왕은 한양을 떠나 강화도에 와서 40년 동안 머물렀다. 당시 왕이 머물렀던 곳이나 여러 유적들은 전쟁에 타 버려서 고려의 궁궐만은 흔적으로 남아 있다.

조선 시대
조선 시대에는 프랑스와 미국, 일본이 차례대로 우리나라를 공격했다. 1866년에는 프랑스 군대가 공격한 병인양요, 1871년에는 미국 군대가 공격한 신미양요가 일어났는데 우리 군대는 강화도의 광성보나 용두돈대 등에서 치열한 전투를 하며 한양을 지킬 수 있었다. 또한 1876년에는 일본과의 불평등조약인 강화도 조약이 이루어지기도 했다.

관광지
강화도는 섬 전체가 우리나라의 역사 박물관이라고 할 정도로 선사 시대부터 조선 시대까지의 유적이 많다. 선사 시대의 고인돌, 삼국 시대의 전등사, 고려 시대의 고려궁지, 조선 시대의 광성보, 용두돈대와 같은 장소들을 살펴보면서 우리나라의 역사를 되짚어 볼 수 있다.

참성단 단군왕검이 하늘에 제사를 지낸 곳

광성보 병인양요와 신미양요 때 치열한 전투가 벌어졌던 장소

유네스코 세계 유산이 궁금해요

• 유네스코가 세계 문화 및 자연 유산 보호 협약에 따라 지정하고 있는 세계적 자산을 말한다.
• 우리나라에는 석굴암, 불국사, 제주도, 고인돌 유적, 종묘, 창덕궁, 화성 등이 있다.

주차 1

정답과 해설 8쪽

활동 1 인터넷 백과사전을 읽고 강화도에 대해 시대별로 정리해 보세요.

선사 시대
• 청동기 시대의 고인돌이 있음.
• 단군왕검이 하늘에 제사를 지낼 때 참성단이 있음.

삼국 시대
• 고구려, 백제, 신라의 전투가 많았음.
• 강화도는 바다에서 한강으로 들어오려는 적군을 막을 수 있는 중요한 곳에 위치함.

고려 시대
• 몽골군과 싸우는 동안 강화도가 고려의 수도 역할을 함.
• 고려왕이 머물던 유적지는 모두 불에 타고 흔적만 남아 있음.

조선 시대
• 강화도 곳곳에서 적군과 전투를 하여 한양을 지킴.
• 일본과의 불평등 조약인 강화도 조약이 이루어짐.

해설 각 시대별 강화도에서 있었던 일 등 역사적 사실을 정리해 봅니다.

활동 2 인터넷 백과사전에서 찾은 내용을 바탕으로 강화도를 소개하는 광고를 만들려고 합니다. 제시된 광고를 참고하여 광고를 완성해 보세요.

역사를 알고 싶으면
강화도로 가까
선사 시대부터 조선 시대까지
우리나라 역사가 한곳에

(예) 옛날 역사 여행 강화도
참성단 고인돌 고려궁

해설 강화도의 유적과 역사적인 내용들을 바탕으로 광고를 만들 수 있습니다.

현우가 인터넷 백과사전에서 정보를 찾아본 지역에 ○표를 하세요.

강화도 제주도 울릉도

해설 현우는 인터넷 백과사전에서 강화도에 대한 정보를 찾았습니다.

인터넷 백과사전에 대한 설명으로 알맞은 것의 기호를 쓰세요. 답 ④

㉮ 정해진 시간에만 정보를 찾을 수 있다.
㉯ 사진이나 영상 등의 정보를 빠른 시간에 찾을 수 있다.
㉰ 정보에 대한 다른 사람들의 이견을 실시간으로 주고받을 수 있다.

해설 인터넷 백과사전은 필요한 때 언제나 정보를 찾을 수 있습니다. 정보에 대한 다른 사람들의 이견을 실시간으로 주고받을 수 있는 것은 온라인 대화방의 특징입니다.

강화도의 유적이 아닌 것의 기호를 쓰세요. 답 ㉯

㉮ 참성단 ㉯ 화문석
㉰ 고인돌 ㉱ 전등사

해설 화문석은 강화도의 특산품입니다.

3회 과학

2 뉴스 방송 대본을 읽고 온라인 대화 하기

태풍이 몰려와요

태풍이 우리나라로 가까이 오고 있어요. 텔레비전 뉴스의 일기예보에서는 태풍의 영향을 받는다는 오늘의 날씨와 태풍이 올 때 주의할 점에 대해 알려 주고 있어요. 뉴스 방송 대본을 읽고 온라인 대화방에 글을 써 보세요.

제7호 태풍 호랑이가 한반도를 향해 빠르게 올라오고 있습니다.

제7호 태풍 호랑이, 제주도에는 물 특보

안녕하십니까? 오늘의 날씨를 알려 드리겠습니다. 오늘은 제7호 태풍 호랑이의 영향으로 전 국이 태풍의 영향을 받아 흐리고 비가 내리겠습니다. 경기 북부를 뺀 전국 대부분의 지역에는 태풍 특보가 내려졌습니다. 제주도에는 한 시간에 30밀리미터 이상의 매우 강한 비가 내리는 곳도 있겠습니다. 비는 오늘 밤에 대부분 그치겠지만 강원도와 경상도 지역에서는 태풍의 영 향을 벗어나는 내일 아침에 그치겠습니다.

내일 아침까지의 예상 강수량은 제주도와 전라도 남해안 지역은 400밀리미터, 강원도와 경상 도는 150~250밀리미터, 서울, 경기도와 충청도 지역은 100밀리미터입니다. 제주도와 남해안, 동해안에서는 매우 강한 바람이 부는 곳이 있겠고, 그 밖의 지역에서도 강 한 바람이 계속 이어지겠습니다.

이번 태풍은 비의 양도 많고 바람이 세기 때문에 주의해야 합니다. 태풍의 영향을 크게 받는 제주도와 남해안, 동해안의 해안가 지역에서는 가능하면 밖에 나가지 마시고, 일기예보를 계 속 확인하시기 바랍니다. 매우 높은 물결이 해안가나 방파제를 넘을 수 있으니 시설물 관리와 안전사고에 특별히 주의해야 합니다.

내일 오후에는 태풍의 영향에서 벗어나 서쪽 지역부터 차차 맑아지겠습니다.

해설 이 내용이 담긴 디지털 매체는 텔 레 비 전 뉴스이다.

▲ 뉴스 방송 대본을 읽고 알 수 있는 내용에 ○표를 하세요.

오늘은 제주 태풍 (베어리 , (호랑이))의 영향으로 비가 많이 오고 바람도 세게 분다.

해설 뉴스 방송 대본을 읽어 보면 오늘은 제주 태풍 호랑이의 영향을 받는다는 것을 알 수 있습니다.

▲ 텔레비전 뉴스로 보는 일기예보의 좋은 점을 모두 골라 기호를 쓰세요. 답 ㉮, ㉯

㉮ 날씨 상황을 영상으로 볼 수 있어서 효과적이다.
㉯ 텔레비전을 보는 여러 사람에게 동시에 알릴 수 있다.
㉰ 일기예보를 보며 자신의 생각을 담은 댓글을 쓸 수 있다.

해설 텔레비전 뉴스는 영상으로 전달되기 때문에 댓글에 댓글을 쓸 수 없습니다.

활동 일기예보의 내용을 바탕으로 태풍이 올 때 주의할 점을 써 보세요.

< 대화방 5

해준 와, 비 많이 온다. 오전9:11
수민 태풍이 제주도 근처를 지난대. 오전9:13
태리 제주도나 해안가에 사는 분들은 태풍 피해를 막기 위해 대 비를 꼼꼼하게 해야겠어. 오전9:14

< 대화방 5

승아 태풍 예보가 있을 때는 어떻게 하면 좋을까? 오전9:11
(예) 가능하면 밖에 나가지 말고 일기 예보를 계속 들으면 좋아. / 시 설물 관리와 안전 사고에 특별 히 주의해야 해. 오전9:11

해설 태풍이 올 때 주의할 점을 씁니다.

태풍은 나쁜 것인가요?

태풍은 많은 비와 강한 바람이 부는 날씨를 말한다. 태풍이 불어오는 것이 나쁜 것만은 아니다. 태풍은 주로 많은 비와 함께 오기 때문에 물이 부족한 지역에서는 큰 도움이 된다. 또 따뜻한 공기를 추운 북쪽까지 옮겨다 주기도 하고 깨끗한 바람 이 바닷물을 잘 섞어 주기도 한다.

4회 인물

1 인터넷 백과사전을 읽고 공통점과 차이점 정리하기

모차르트와 베토벤

천재 음악가 모차르트와 베토벤.
휴대 전화로 검색한 인터넷 백과사전에서 찾은 두 사람의 일생을 살펴보고, 두 사람의 공통점과 차이점을 정리해 보세요.

독독백과사전 오후 02:30 100%

모차르트

볼프강 아마데우스 모차르트

1756년~1791년, 독일 오스트리아.
1756년 음악가 집안에서 태어났다.
3세: 하프시코드와 클라비어와 피아노 연주를 할 수 있게 된다.
5세: 작곡을 시작한다.
6세: 궁정 부악장을 그만둔 아버지와 모차르트와 누나를 데리고 독일, 프랑스 등 유럽에서 연주 여행을 한다.
12세: 수석 연주자가 된다.
17세: 잘츠부르크 궁정 작곡가가 된다.
22세: 레슨 교사를 하며 다양한 곡을 만든다.
35세: 원인 모를 병에 걸려 외롭게 세상을 떠난다.
대표 작품: <작은 별 변주곡>, <터키 행진곡>, 오페라 <피가로의 결혼>, 오페라 <마술 피리> 등

독독백과사전 오후 03:30 100%

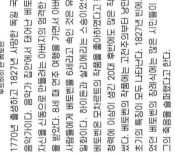

베토벤

루트비히 판 베토벤

1770년 출생하고 1827년 사망한 독일 국적의 음악가이다. 음악가 집안에서 태어난 베토벤은 자신을 신동으로 만들려는 아버지의 엄격한 교육을 받았다. 8세 때 연주 여행을 가면서 아버지가 사람들에게 베토벤을 6세라고 속인 것은 유명한 일화이다. 하이든과 살리에리는 스승이었으며, 베토벤은 모차르트의 작품을 좋아했다고 한다. 청력에 이상이 생긴 20대 후반에 많은 작품을 썼다. 베토벤의 작품에는 고전주의부터 낭만주의 초기의 특징이 모두 나타난다. 1827년 빈에서 있었던 베토벤의 장례식에는 많은 시민들이 모여 그의 죽음을 슬퍼했다고 한다. 대표 작품으로는 <엘리제를 위하여>, <영웅교향곡>, <운명교향곡>, <월광교향곡> 등이 있다.

활동 이 내용이 담긴 디지털 매체는 인터넷 [백][과][사][전] 이다.

▲ 인터넷 백과사전에서 어떤 음악가에 대한 정보를 찾았는지 알맞은 것에 모두 ○표를 하세요.

모차르트   베토벤   슈베르트

해설 인터넷 백과사전에서 찾은 정보는 모차르트와 베토벤에 대한 것입니다.

▲ 다음은 누구에 대한 설명인지 쓰세요. **답** 베토벤

• 독일에서 태어났다.
• 아버지의 엄격한 교육을 받았다.
• 20대 후반에 청력에 이상이 생겼다.
• <엘리제를 위하여>, <영웅교향곡>, <운명교향곡> 등을 작곡했다.

해설 독일에서 태어나 아버지의 엄격한 교육을 받았고, 20대 후반에 청력 이상이 생겼으며, <엘리제를 위하여>, <영웅교향곡>, <운명교향곡> 등을 작곡한 사람은 베토벤입니다.

활동 인터넷 백과사전에서 찾은 정보를 바탕으로 두 음악가의 공통점과 차이점을 정리해 보세요.

공통점
• 비슷한 때에 활동한 음악가이다.
• 음악가 집안에서 태어났다.
• 예 어릴 때 연주 여행을 떠났다.

차이점
• 모차르트는 오스트리아에서 태어났고, 베토벤은 독일에서 태어났다.
• 모차르트는 어릴 때 좋은 환경에서 교육을 받았지만, 베토벤은 어릴 때 엄격한 교육을 받았다.
• 예 모차르트는 외롭게 죽음을 맞이하였지만, 베토벤은 많은 시민들이 그의 죽음을 함께 슬퍼해 주었다.

해설 모차르트와 베토벤의 일생에서 비슷한 점과 다른 점을 정리합니다.

인터넷 백과사전에서 정보를 찾아요

• 인터넷 백과사전은 과학, 역사, 예술, 문화 등 여러 종류의 지식과 정보를 볼 수 있다.
• 관련된 사진이나 영상 등의 자료를 찾을 수 있다.
• 찾으려는 주제의 키워드(핵심어) 단어를 이용하면 쉽게 정보를 찾아낼 수 있다.

4회 문학

2 인터넷 백과사전을 읽고 학급 게시판에 글 쓰기
옛날 결혼식은 복잡해요

다음 주 사회 시간에는 옛날과 오늘날의 결혼 풍습에 대해 배워요. 그래서 슬아네 모둠은 옛날의 결혼 풍습에 대해 조사한 것을 학급 게시판에 올리기로 했어요. 슬아가 인터넷 백과사전에서 찾은 내용을 읽고 학급 게시판에 글을 써 보세요.

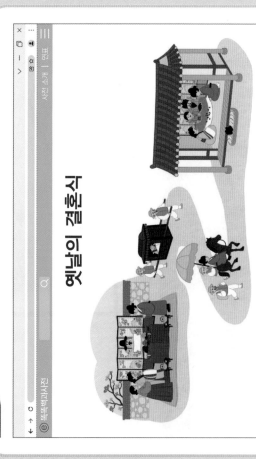

독독백과사전

옛날의 결혼식

결혼식 순서
옛날에도 결혼식을 혼례라고 했는데 오늘날에 비해 순서가 복잡했다. 먼저 신랑이 말을 타고 신부의 집으로 가서 신부 측에 나무로 만든 기러기 한 쌍을 건네주면 결혼식이 시작된다. 신부의 집 마당에 차려진 혼례식장에서 신랑과 신부가 마주 보고 절을 올리고, 잔에 술을 부어 함께 마시면 더 사람들에게 혼인이 이루어졌음을 널리 알리게 된다. 혼례를 치르고 신부의 집에서 며칠을 지낸 뒤에 신랑은 말을 타고 신부는 가마를 타고 신랑의 집으로 간다. 신부가 신랑의 집에 도착하면 어른들께 큰절을 올리고 새 식구가 되었음을 알리는 폐백을 드린다.

신랑과 신부의 결혼식 옷차림
신랑과 신부는 한복의 한 종류인 화려한 예복을 입는다. 신랑은 조선 시대에 벼슬을 하던 사람들이 입던 관복을 입고 머리에 사모를 쓴다. 신부는 궁중 의식에 쓰이던 원삼을 입고 머리에 족두리를 쓴다. 신랑과 신부가 이런 옷차림을 한 까닭은 혼례 때만큼은 일반 백성들도 특별하고 귀한 옷을 입으라는 의미이다.

확인 이 내용이 담긴 디지털 매체는 인 터 넷 백과사전이다.

슬아가 찾아본 내용으로 알맞은 것에 ○표를 하세요.

▲ 옛날의 결혼식 순서는 오늘날의 결혼식에 비해 복잡하다. [○]
옛날의 결혼식 순서는 옛날의 결혼식에 비해 복잡하다. [ ]

해설 옛날의 결혼식 순서는 오늘날의 결혼식에 비해 복잡하다고 하였습니다.

▲ 옛날의 결혼식에서 신부와 신랑의 옷차림을 무엇이라고 했는지 선으로 이으세요.

사모와 관복
원삼과 족두리

해설 신부가 입는 옷은 원삼과 족두리이며, 신랑이 입는 옷은 사모와 관복입니다.

활동 인터넷 백과사전에서 찾은 내용을 바탕으로 옛날의 결혼식에 대해 학급 게시판에 글을 써 보세요.

예 옛날의 결혼식은 오늘날보다 복잡해. 먼저 신랑이 신부의 집에 가서 나무 기러기 한 쌍을 건네주면 결혼식이 시작돼. 신랑 신부가 마주 보고 절을 올리고, 잔에 술을 부어 나누어 마시면 끝나. 혼례를 치르고 신부의 집에서 며칠을 지낸 다음 신랑 신부는 신랑의 집으로 가는 거야. 신랑 집에서 어른들께 폐백을 드리면 완전히 결혼식이 끝나는 거지. 신랑의 사모와 관복, 신부는 원삼과 족두리가 결혼식 옷차림이야.

해설 옛날의 결혼식 순서와 옷차림에 대해 간단히 정리하여 씁니다.

신랑이 신부에게 나무 기러기를 왜 주나요?
기러기는 평생 짝을 바꾸지 않고 암수 짝이 많이 늘는 새이다. 그래서 나무 기러기 한 쌍에는 신랑과 신부가 기러기처럼 오래도록 서로 행복하게 살 것을 바라는 마음이 담겨 있어서 옛날 결혼식에서 신랑이 신부에게 건넨 것이다.

5회 과학

1 텔레비전 공익 광고를 읽고 포스터 만들기

환경을 보전해요

북극곰이 살 곳을 왜 잃어가고 있는지 생각해 본 적이 있나요? 지구가 뜨거워지고 있기 때문이지요. 지구가 뜨거워지고 있는 까닭은 무엇인지 생각하면서 텔레비전 공익 광고를 보고 환경에 대한 포스터를 만들어 보세요.

나의 편리함만 먼저
생각하지 말고
지구를 위한 생각을 하세요.

환경을 위한 우리의
작은 실천이
지구의 환경을
보전할 수 있어요.

활동 이 내용이 담긴 디지털 매체는 텔레비전 공익 [광][고]이다.

---

1 주차

▲ 알맞은 내용에 ○표를 하세요.

이 광고는 지구의 환경을 보호하자는 주제의 공익 광고이다. [○]

이 광고는 지구의 환경을 바꿀 수 있다는 주제의 상업 광고이다. [ ]

해설 이 광고는 지구가 뜨거워져서 북극곰이 사는 곳이 빙하가 녹아 줄어드는 현상을 예로 들어 지구의 환경을 보호하자는 주제의 공익 광고입니다.

▲ 지구의 환경을 보전하기 위해 우리가 실천할 수 있는 방법을 정리해 보세요.

일회용품 사용을 줄인다.

화장실에서 손을 씻은 뒤에는 종이 타월 대신 손수건을 사용한다.

온실가스를 많이 만드는 가축의 채소 비율을 줄이고 채소를 많이 먹는다.

가전제품을 사용하지 않을 때에는 플러그를 뽑아 둔다. (예)

해설 우리가 생활 속에서 실천할 수 있는 내용을 생각하여 정리해 봅니다.

활동 제시된 광고를 참고하여 정리한 내용을 바탕으로 환경 포스터를 만들어 보세요.

고기보다 채소를 많이 먹어요

해설 환경을 보전하기 위해 실천할 수 있는 방법 중 하나를 골라 상징적인 그림과 간단한 글로 표현합니다.

안 쓰는 가전제품은 플러그를 뽑아 두어요 (예)

광고가 궁금해요

• 많은 사람들을 대상으로 다양한 매체를 통해 무엇인가를 널리 알리는 것을 말한다. 담는 내용에 따라 공익 광고, 상업 광고 등으로 나뉜다.

• 텔레비전, 라디오, 신문, 잡지 등을 활용하며 인터넷이나 영화관, 지하철이나 버스 안에서도 여러 가지 광고를 볼 수 있다.

주차 1

▲ SNS 광고 내용으로 알맞은 것을 골라 ○표를 하세요.

레키박스 안에 들어 있는 장난감이 무엇인지는 알 수 없다. [○]

레키박스에 들어갈 장난감을 내가 고를 수 있다. [ ]

해설 '레키 박스 안에는 어떤 뚜뚜빵빵 친구들이 들어 있을까요?'라는 문구를 통해 레키박스 안에 들어 있는 장난감이 무엇인지는 알 수 없다는 것을 짐작할 수 있습니다.

▲ SNS 광고 내용 중 과장되거나 거짓된 표현을 골라 기호를 쓰세요. 답 ④

㉮ 상품 개봉 시 반품 불가
㉯ 뚜뚜빵빵 친구들보다 더 좋은 친구는 없다!
㉰ 이벤트 상품 재고 소진 시, 조기 종료될 수 있습니다.
㉱ 뚜뚜빵빵 친구들 3개 상품으로 구성된 레키박스를 지금 구매해 보세요.

해설 '뚜뚜빵빵 친구들보다 더 좋은 친구는 없다'고 하였으나 이보다 더 좋은 장난감이 있을 수 있으므로 과장된 표현입니다.

활동 SNS 광고 내용에 대한 나의 생각을 댓글로 써 보세요.

💬 댓글
댓글 달기

예) 레키박스라는 이름 때문에 원하는 제품을 고를 수 없다는 점을 미처 생각하지 못하고 구매할 것 같아요.

1000자 이내

등록

해설 광고 내용 중 과장되거나 거짓된 표현에 대한 생각을 정리하여 씁니다.

광고를 읽을 때는 이것을 살펴요

· 광고하는 상품이 무엇인지 살펴본다.
· 광고에 담긴 의미가 무엇인지 살펴본다.
· 글, 그림, 사진이 뜻하는 내용은 무엇인지 점검해 본다.
· 광고 내용 중 과장되거나 거짓된 표현이 있는지 찾아본다.

5회 생활

2 SNS 광고를 읽고 댓글 쓰기

장난감 광고가 이상해요

단우는 일곱 살인 동생에게 줄 크리스마스 선물을 찾아보다가 SNS에서 장난감 광고를 보게 되었어요. 그런데 광고를 관심 있게 살펴보니 이상한 점이 있었어요. SNS에 올라온 장난감 광고를 읽고 문제점을 찾아 댓글을 써 보세요.

확인 이 내용이 담긴 디지털 매체는 SNS [광]고이다.

확인 문제

1
단체 이야기방에서 온라인 대화 예절을 잘 지킨 친구는 누구인가요? (④)
① 채민: 이모티콘을 너무 많이 썼다.
② 승재: 주제와 관련 없는 내용을 말했다.
③ 지안: 늦은 시간에 온라인 대화방에 글을 썼다.
④ 보라: 친구들을 배려하며 솔직하게 말했다.
⑤ 서준: 다른 사람의 개인 정보를 함부로 알렸다.
해설 이모티콘을 너무 많이 쓰는 것, 주제와 관련 없는 내용을 말하는 것, 늦은 시간에 온라인 대화방에 글을 쓰는 것, 다른 사람의 개인 정보를 함부로 알리는 것은 온라인 대화 예절에 어긋납니다.

2
다음과 같은 형식의 매체를 무엇이라고 하나요? (②)

세계 공통의 약속, 단위

① 웹툰 ② 블로그 ③ 인터넷 뉴스
④ 인터넷 게시판 ⑤ 인터넷 백과사전
해설 이와 같은 형식의 매체를 블로그라고 합니다. 블로그는 자신의 관심 있는 분야에 따라 자유롭게 일기, 기사 등 여러 가지 글을 쓰는 매체입니다.

3
다음과 같이 휴대 전화나 컴퓨터에서 볼 수 있는 만화를 무엇이라고 하는지 쓰세요.

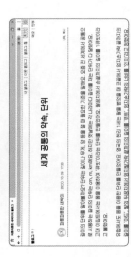

(웹툰)
해설 웹툰은 동영상이나 음성 등 여러 멀티미디어를 이용하는 인터넷을 못하는 웹(web)과 만화를 뜻하는 카툰(cartoon)을 합한 말로, 인터넷을 통해 볼 수 있는 만화를 말합니다.

확인 문제

정답과 해설 14쪽

4
다음은 무엇에 대한 설명인지 쓰세요.
• 유네스코가 세계 문화 및 자연 유산 보호 협약에 따라 지정하고 있는 세계적 자산이다.
• 우리나라에는 석굴암, 불국사, 종묘, 창덕궁 등이 있다.

유네스코 (세계 유산)
해설 유네스코 '세계 문화 및 자연 유산 보호 협약'에 따라 지정하고 있는 세계적 자산을 유네스코 세계 유산이라고 합니다.

5
다음에 대한 설명입니다. 알맞은 말에 ○표를 하세요.

이 텔레비전 뉴스에서는 (태풍, 지진)이 오고 있다는 일기예보를 전하고 있다.
해설 텔레비전 뉴스에서는 태풍이 오고 있다는 일기예보를 전하고 있습니다.

6
다음은 어떤 매체의 설명인가요? (⑤)
• 과학, 역사, 예술 등 여러 종류의 지식과 정보를 풀이해 놓은 것이다.
• 관련된 사진이나 영상 등의 자료를 인터넷에서 찾을 수 있다.
① SNS ② 블로그 ③ 인터넷 뉴스
④ 인터넷 게시판 ⑤ 인터넷 백과사전
해설 과학, 역사, 예술 등 여러 종류의 지식과 정보를 풀이해 놓은 것으로, 관련된 사진이나 영상 등의 자료를 인터넷으로 찾을 수 있는 것은 인터넷 백과사전입니다.

7
다음 광고는 어떤 매체에서 볼 수 있나요? (①)

① SNS
② 블로그
③ 인터넷 뉴스
④ 인터넷 게시판
⑤ 인터넷 백과사전
해설 이 광고는 SNS에서 볼 수 있습니다.

2 주차

정답과 해설

1회 생활

1 인터넷 게시판에 댓글 쓰기

칭찬합시다

3학년 2반 선생님께서는 학급 누리집에서 '칭찬 댓글 쓰기' 행사를 한다고 하셨어요. 한 학기 동안 친구들과 생활하면서 느낀 점을 바탕으로 칭찬하는 내용을 댓글로 쓰라고 하셨어요. 친구를 칭찬하는 내용을 댓글로 써 보세요.

자유 게시판

⌂ 참여 소통 > 열린 게시판 > 자유 게시판

여러분의 친구를 칭찬해 주세요

작성자: 이지아 | 작성일: 20○○. ○○. ○○. | 댓글 4

3학년 2반 친구들.
1학기 동안 친구들과 생활하면서 어땠나요?
3월에 처음 만나 서먹서먹했지만, 지금은 모두 친해진 거 같더라고요.
이름 방학 전에 '칭찬 댓글 쓰기' 행사를 하려고 해요.
칭찬하는 댓글을 들으면 기분이 좋아지고, 칭찬한 사람과 사이가 더 좋아진답니다.
친구가 열심히 하고 노력하는 점은 무엇이었는지, 친구가 잘한 일과 그 일에 대한 자신의 생각은 어떠한지 들으면 떠올려 보고 글로 잘 정리해서 댓글로 써 주세요.
이름 방학식 날, 진심을 담아 칭찬한 친구와 칭찬을 많이 받은 친구에게는 깜짝 선물을 줄 예정이랍니다.

공감 3 | ∨   댓글 4 | ∧

└ 한결 지난번에 깜빡하고 색종이를 안 가지고 왔는데, 하윤이가 준비물을 넉넉하게 가지고 와서 나누어 주어 서 미술 시간에 잘 쓸 수 있었습니다. 친구를 잘 도와주는 하윤이를 칭찬합니다.

└ 채린 지안이는 노랫말도 빨리 외우고, 노래도 잘합니다. 노래 잘하는 지안이를 칭찬합니다.

└ 범수 선생님, 운동을 잘하는 민정이 덕분에 체육 시간마다 3반과 한 축구, 피구, 배구 시합에서 우리 반이 항 상 이길 수 있었어요. 운동을 잘하는 민정이를 칭찬합니다.

└ 서준 줄넘기 연습을 열심히 하는 선우를 칭찬합니다.

확인 이 내용이 담긴 디지털 매체는 인터넷 [게][시][판]이다.

▲ 다음과 같은 칭찬을 한 친구는 누구인지 ○표를 하세요.

친구를 잘 도와주는 하윤이를 칭찬합니다.

| 범수 | 한결 | 채린 |

해설 친구를 잘 도와주는 하윤이를 칭찬한 것은 한결입니다.

▲ 칭찬하는 말을 들으면 좋은 점을 모두 골라 기호를 쓰세요. [답] ㉯, ㉰

㉮ 글을 잘 쓸 수 있게 된다.
㉯ 칭찬한 사람과 사이가 좋아진다.
㉰ 칭찬하는 말을 들으면 기분이 좋아진다.

해설 칭찬하는 말을 들으면 기분이 좋아지고, 칭찬한 사람과 사이가 좋아질 수 있습니다.

활동 3학년 2반 친구들처럼 친구를 칭찬하는 내용의 댓글을 써 보세요.

공감 3 | ∨   댓글 4 | ∧

└ 예 독서왕 준하이를 칭찬합니다. 준하이는 매일 급식실에서 점심을 먹은 뒤에 도서관에 친구를 데리고 가서 책을 읽습니다. 그래서 같이 책을 읽 다 보니, 저도 책을 많이 읽게 되었습니다. 좋은 습관을 갖게 해 준 친구를 칭찬합니다.

해설 친구를 왜 칭찬하는지 까닭과 함께 칭찬하는 내용을 씁니다.

칭찬하는 글을 쓸 때 주의할 점은 무엇일까?

- 진심을 담아 칭찬해야 한다.
- 너무 과장되지 않도록 한다.
- 상대방이 잘못한 점은 함께 쓰지 않는다.

1회 사회

2 웹툰과 블로그를 읽고 지역 축제를 알리는 광고 만들기

함평 나비 대축제

소현이네 가족은 나들이를 갈지 고민하다가 블로그에서 정보를 찾고 함평 나비 대축제에 가기로 결정했어요. 블로그 글을 읽고 함평 나비 대축제에 대해 알아보고, 축제를 알리는 광고를 만들어 보세요.

찾았다!

함평 나비 대축제에 다녀 오셨군요! 날씨도 좋고, 정말 재미있었어요.

어머, 여기가 어디예요? 우리도 가족 여행 중 인데 축제 정보 좀 줄 수 있어요?

네, 함평 나비 대축제는 친환경 지역인 함평 에서 하는 행사예요. 블로그 하나 연결해 줄 테니 한번 읽어봐요.

확인 소현이네 가족이 찾아본 디지털 마켓은 블 로 그 이다.

함평 나비 대축제의 대표 나비들

산제비나비
제비나비와 비슷하지 만 가운데에 청록색 띠가 있다. 뒷날개 윗 면에는 햇빛을 띤 흰 색 띠와 얼룩 개의 붉은 색 무늬가 있다.

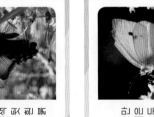
배추흰나비
날개는 흰색이지만 앞날개의 끝은 검은 색이다. 앞날개에 두 개, 뒷날개에 한 개의 검은색 무늬가 있다.

왕오색나비
앞날개의 안쪽은 검 은 갈색에 흰 얼룩 무 늬가 있다. 날개 윗면 은 수컷이 흰 은빛, 암컷이 녹황색이다.

함평 알리미

나비와 함께 춤을, 함평 나비 대축제

함평 알리미 20○○. 4. 26 17:43

안녕하세요. 오늘 함평 나비 대축제 개막식에 대해왔습니다.

함평은 깨끗한 산과 맑은 물을 자랑하는 대표적인 친환경 지역입니다. 그래서 오염되지 않은 자연환경에서 만 살 수 있는 나비를 주제로 해 축제를 개최할 수 있었다고 합니다.

1999년에 '꽃과 나비'라는 주제로 처음 시작한 이 축제는 문화체육관광부가 좌우수 축제로 지정했을 만큼 전국에서 인기가 높습니다. 또 세계 최초로 살아있는 나비로 온종 그리고 자연을 소재로 하여 친환경 축제로 높이 평가받고 있습니다.

올해는 '나비와 함께하는 봄날의 여행'이란 주제로 4월 26일부터 5월 6일까지 11일간 진행됩니다. 함평군은 나비 축제를 처음 개최할 때부터 매회 대표 나비를 뽑고 있습니다. 그동안 호랑나비, 산제비나비, 노랑나비, 왕오색나비, 배추흰나비, 암름검은푸름나비 등 우리가 잘 알고 있는 나비부터 이름을 처음 들어보 는 나비까지 다양한 호랑나비가 대표 나비로 선정되었습니다. 올해는 제1종에 이어 여러 차례 대표 나 비로 뽑혔던 호랑나비가 대표 나비로 선정되었다고 합니다. 축제 현장 곳곳에서는 호랑나비를 비롯해 약 21 만 마리의 나비와 유채꽃, 무궁, 꽃창 과비 등 형형색색의 봄꽃을 감상할 수 있습니다. 나비: 곤충 생태관에서 는 알∼애벌레∼번데기∼나비로 성장하는 과정을 전시하고, 함평 엑스포 공원 생태 전시관에서는 참기 제험도 할 수 있습니다. 이외에도 다양한 공연과 체험 프로그램이 관광객들을 기다리고 있습니다. 무 엇보다 기대되는 행사는 아무런도 매 축제 때마다 최고 인기를 얻었던 '나비 날리기 행사'가 아닐까 합니다. 수백 마리의 화려한 나비가 한가번에 하늘로 날아가는 모습이 궁금하시다면 함평에서 나비와 함께 봄날의 여행을 즐겨 보는 건 어떨까요?

#나비 #함평 #호랑나비 #친환경축제 #유채꽃밭

▲ 제21회 함평 나비 대축제의 대표 나비인 호랑나비

지역 축제가 궁금해요

· 그 지역의 전통이나 문화, 특산물 등 자랑거리를 널리 알리기 위해 여는 행사이다.
· 축제의 주제와 관련한 다양한 먹을거리, 마을거리, 공연, 체험 행사 등을 즐길 수 있다.
· 서울의 등 축제, 화천의 산천어 축제, 무주의 반딧불 축제, 보령의 머드 축제, 진해의 군항제 등이 있다.

정답과 해설 19쪽

활동 1

함평 나비 대축제 때 즐길 수 있는 행사로 알맞은 것에 모두 ○표를 하세요.

두꺼운 얼음을 깨고 낚시하기

갯벌에서 스키 타기

나비 날리기 ○

나비의 한살이 과정 살펴보기 ○

해설 함평 나비 대축제에 가면 '나비의 한살이'도 볼 수 있고, '나비 날리기' 행사도 참여할 수 있습니다.

활동 2

제시된 광고를 참고하여 블로그 내용을 바탕으로 함평 나비 대축제를 알리는 광고를 만들어 보세요.

제○○회
함평 나비 대축제가
열립니다.
20○○.4.26 ~ 5.6
함평 엑스포 공원

제○회
꽃과 나비의 축제인
함평 나비 대축제

• 열리는 곳: 예 함평 엑스포 공원
• 열리는 때: 예 20○○. 4. 26. ~ 5. 6.
• 행사: 예 나비 날리기, 나비의 한살이
  과정 살펴보기, 애벌레
  체험 등

해설 언제, 어디서, 어떤 행사가 열리는지 열리는지를 넣어 함평 나비 대축제를 알리는 글을 씁니다.

▲ 소현이네 가족의 나들이 장소는 어디인지 ○표를 하세요.

| 함평 나비 대축제 | 무주 반딧불 축제 | 보령 머드 축제 |

해설 소현이네 가족은 함평 나비 대축제에 가기로 결정했습니다.

▲ 블로그 내용으로 알맞은 것의 기호를 모두 쓰세요. 답 ㉠, ㉢

㉠ 함평 나비 대축제는 친환경 축제이다.
㉡ 함평 나비 대축제는 겨울에 열리는 축제이다.
㉢ 함평 나비 대축제의 대표 나비는 호랑나비, 산제비나비, 노랑나비, 왕오색나비, 배추흰나비, 암끝검은표범나비 등이다.

해설 함평 나비 대축제는 봄에 열리는 축제입니다.

▲ 나비 한살이의 순서대로 번호를 쓰세요.

 4
 1
 2
 3

해설 나비 한살이의 순서는 '알 → 애벌레 → 번데기 → 나비(성충)'입니다.

2회 생활

1 인터넷 백과사전을 읽고 픽토그램 만들기

픽토그램을 만들어요

관광지나 공공장소에는 사용하는 언어가 다른 사람도 쉽게 이해할 수 있도록 간단한 그림 안내판이 붙어 있어요. 이러한 그림 문자를 '픽토그램'이라고 해요. 인터넷 백과사전에서 픽토그램에 대한 내용을 읽고 안전사고 예방 안내 픽토그램을 만들어 보세요.

독독백과사전

사전 소개 | 연보

픽토그램

사물이나 시설, 행동 등을 누구나 쉽게 알아볼 수 있도록 단순하게 만들어 나타낸 그림 문자. 또는 그런 그림 문자를 사용한 안내판이나 표지판.

주로 공공시설이나 교통 안내판 등에 많이 사용된다. 픽토그램은 누구나 쉽게 바로 이해할 수 있도록 단순하게 표현해야 하고 의미가 뚜렷이 담겨야 한다. 그림 문자로 의미를 전달하는, 색깔에도 의미가 담겨 있다. 검정은 일반 안내, 파랑은 지시, 노랑은 주의, 초록은 안전, 빨강은 위급함 등의 의미를 나타내며, 붉은색 안의 사선 모양은 금지를 나타낸다.

픽토그램이 가장 먼저 만들어진 나라는 미국이다. 1920년대부터 픽토그램을 교통표지판에 사용하였다. 그 뒤 영국에서는 1948년 영국 런던 올림픽에서, 일본에서는 1964년 도쿄 올림픽에서 사용하기 시작하였다. 여러 나라에서 픽토그램이 제각각 생겨나자 국제표준화기구(ISO)에서는 나라별로 다르게 사용해 온 픽토그램의 국제 표준화 작업을 하고 있다. 그중에서 '비상(대피소', '부상면 치료', '애완동물 금지', '음식물 반입금지' 등 30여 개는 우리나라가 제안한 것으로 채택되었다.

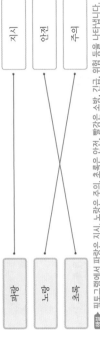
▲ 감전주의/전기주의
▲ 화장실
▲ 어린이 보호

▲ 출입문 끼임 주의

확인 이 내용이 담긴 디지털 매체는 인터넷 [백] [과] [사] [전] 이다.

---

2 주차

픽토그램에 대한 설명으로 알맞은 것을 모두 골라 ○표 하세요.

- 픽토그램이 가장 먼저 만들어진 나라는 영국이다. □
- 픽토그램은 누구나 쉽게 바로 이해할 수 있도록 단순하게 표현되어야 하고 의미가 두렷이 담겨야 한다. ○
- 국제표준화기구(ISO)에서는 나라별로 다르게 사용해 온 픽토그램의 국제 표준화 작업을 하고 있다. ○

▲ **해설** 픽토그램이 가장 먼저 만들어진 나라는 미국입니다.

픽토그램에서 각 색깔이 의미하는 것을 알맞게 선으로 이으세요.

- 파랑 — 지시
- 노랑 — 안전
- 초록 — 주의

▲ **해설** 픽토그램에서 파랑은 지시, 노랑은 주의, 초록은 안전, 빨강은 위급함 등을 나타냅니다.

활동 제시된 픽토그램을 참고하여 안전사고 예방 안내 픽토그램을 만들어 보세요.

복도에서 뛰지 맙시다

밀지 맙시다 (예)

해설 밀고 있는 모습에 빨간색으로 금지를 뜻하는 표현을 하면 됩니다.

공식적으로 정해진 픽토그램이 있다요

- 화장실, 식당, 지하철, 버스정류장 등의 픽토그램은 우리나라에서 정한 기준에 맞추어 사용하고 있다.
- 국제 올림픽 경기대회 종목을 의미하는 픽토그램은 국제표준으로 정해져 있기 때문에 필요한 기준에 맞추어 스포츠 종목을 표현해야 한다.

2회 인물

2 붕로그를 읽고 생각이나 느낌 쓰기

문익점과 목화씨

추운 겨울이 되면 사람들은 솜을 넣은 옷을 입어요. 언제부터 옷 속에 솜을 넣어 입을 수 있게 되었을까요? 고려 시대 목화씨를 들여와 백성들이 솜옷을 입을 수 있도록 한 문익점 이야기가 담긴 붕로그를 읽고, 생각이나 느낌을 써 보세요.

공부하는 역사 지킴이 블로그 ×

← → ⟳

블로그 등 |

내 블로그 | 이웃 블로그 | 블로그 홈

메모 | 안부

목화씨를 들여온 문익점

공부하는 역사 지킴이 2000.04.11 17:43

URL 복사

문익점은 고려의 학자로 서로 삶이 되던 해에 과거 시험에 합격했으며 그 뒤에 사신으로 뽑혀 중국 원나라(현재 중국)에 가게 되었다.

당시 고려에는 목화가 없었기 때문에 백성들은 대부분 추운 겨울에도 삼베로 만든 옷을 입어야 했다.

원나라의 넓은 들판에 핀 목화를 보며 문익점은 어떻게 하면 목화씨를 고려로 가지고 가야겠다고 결심했다. 고향인 산청으로 돌아온 문익점은 장인이 정천익과 함께 목화씨를 정성껏 심었고, 마침내 목화나무 한 그루를 재배하는 데 성공했다. 그러나 목화에서 어떻게 실을 뽑아야 하는지는 미처 알지 못했다.

문익점이 안타까워하고 있을 때, 우연히 문익점의 목화나무를 보게 된 중국 승려가 목화에서 실을 뽑는 방법과 실을 뽑는 기구인 물레를 만드는 방법을 알려 주었다. 그의 손자는 목화에서 실을 뽑아내는 기구인 물레를 만들었다. 이후 목화 재배가 전국적으로 확대되면서 백성들은 추운 겨울에 무명베로 솜옷을 만들어 입고, 따뜻한 겨울을 보낼 수 있게 되었다.

▲ 어린 목화 식물

▲ 활짝 핀 목화

#정익점 #고려시대 #목화 #물레 #무명베 #원나라

확인 이 내용이 담긴 디지털 매체는 [블]로[그]이다.

주차 2

▲ 문익점이 원나라에서 고려로 들여온 것은 무엇인지 알맞은 것에 ○표를 하세요.

옷   **목화씨**   버선

해설 문익점은 원나라에서 목화씨를 고려로 들여왔습니다.

▲ 붕로그에서 소개한 문익점이 한 일이 아닌 것의 기호를 쓰세요. 답 ⓐ

㉮ 원나라에서 목화씨를 들여왔다.
㉯ 솜옷을 만들어 백성들에게 저렴한 가격에 팔았다.
㉰ 목화를 재배하고, 목화로 베 짜는 기술을 연구했다.

해설 문익점은 목화씨를 들여와 심고, 목화에서 실을 뽑아 옷감을 만드는 방법을 연구했습니다. 그러나 솜옷을 만들어 팔지는 않았습니다.

활동 제시된 것을 참고하여 붕로그를 읽고 생각이나 느낌을 메모장에 써 보세요.

목화에서 실을 뽑는 연구까지 한 것을 보니 문익점의 의지가 대단하다.

목화씨를 원나라에서 들여왔다는 것을 알게 되었다.

예 목화씨를 들여왔다는 행동에서 백성을 사랑하는 문익점의 마음이 느껴졌다.

해설 문익점에 대한 생각이나 느낌을 간단히 씁니다.

목화로 솜만 만드나요?

아니다. 새로는 기름을 짠다. 목화는 아욱과의 한해살이풀로, 진털이 있고 곧게 자라면서 가지가 갈라진다. 겹겹질 세포가 활씨의 털 모양 섬유로 변하는데, 이 것들 모아 솜을 만든다. 그리고 이 섬유로 짠 직물을 '면'이라고 한다.

3회
과학

나라를 상징하는 동물

1 인터넷 게시판의 댓글 고쳐 쓰기

민행이네 반에서는 나라를 상징하는 동물을 모둠별로 조사하여 학급 게시판에 쓰는 과제가 있었어요. 모둠장이 올린 학급 게시판의 댓글을 읽고 잘못 쓴 글을 고쳐 써 보세요.

★ ○○초등학교 게시판   🔍   [인쇄]

[과학 과제] 나라를 상징하는 동물

작성자 황현태   작성일 20○○. 10.13 10:40   조회 10 🖒

과학 시간에 정한 모둠별로 나라를 상징하는 동물에 대해서 조사한 내용을 간단히 정리하여 모둠장이 댓글로 써 주세요.

1모둠: 미국을 상징하는 동물
2모둠: 중국을 상징하는 동물
3모둠: 호주를 상징하는 동물

[공감 5 ∨]   [💬 댓글 3 ∧]

┗ **박민형**
1모둠장 박민형입니다. 저희 모둠은 미국을 상징하는 동물에 대해 조사하였습니다. 미국을 상징하는 동물은 흰머리수리였습니다. 수리는 몸이 크고 힘이 센데, 크고 힘이 부드와 크고 날카로운 발톱이 있습니다. 미국 원주민인 인디언들이 신성한 동물로 여겼기 때문에 미국을 상징하는 동물이 되었다고 합니다.

┗ **현진우**
3모둠장 현진우입니다. 저희 모둠은 조사한 것은 호주를 상징하는 동물이었는데요. 캥거루입니다. 제가 좋아하는 동물이에요. 캥거루는 귀여운 모습으로 아기 캥거루를 주머니에 넣고 다녀요. 다리 힘도 쎈 거 같아요. 저희 모둠원들이 좋아하는 동물에도 고양이도 있었어요.

┗ **이윤사**
2모둠장 이윤사입니다. 저희 모둠에서는 중국을 상징하는 동물을 조사하였습니다. 이웃 나라인 중국을 상징하는 동물은 판다입니다. 뻣뻣하고 부드러운 얼굴 넓적한 이빨이 있으며, 나무를 재빨리 기어오르든 판다는 주로 산간이나 고지대에 삽니다. 판다는 세계 멸종 위기 동물로 지정되어 중국에서 중국에서도 보호하려고 노력하고 있다고 합니다.

확인 이 내용이 담긴 디지털 매체는 [인] [터] [넷] 게시판이다.

---

2 주차

▲ 민행이네 학급 게시판의 댓글에 쓸 과제의 주제로 알맞은 것에 ○표를 하세요.

[나라를 상징하는 국가]   [나라를 상징하는 동물]

해설 민행이네 반에서는 과학 시간에 정한 모둠별로 나라를 상징하는 동물에 대해 조사한 내용을 간단히 정리하여 학급 게시판의 댓글로 써야 합니다.

▲ 3모둠장인 진우가 쓴 댓글의 잘못된 점은 무엇인지 기호를 모두 쓰세요. [㉯ , ㉰]

㉮ 개인적인 생각을 중심으로 썼다.
㉯ 호주를 상징하는 동물을 쓰지 않았다.
㉰ 게시판에 써야 하는 주제와 상관없는 내용을 썼다.

해설 진우는 나라를 상징하는 동물에 대해 조사하여 사실을 중심으로 써야 하는데, 주제와 상관없는 내용과 개인적인 생각을 중심으로 썼습니다.

활동 3모둠장이 되어 잘못 쓴 댓글을 고쳐 써 보세요.

바꾸기 전

3모둠장 현진우입니다. 저희 모둠이 조사한 것은 호주를 상징하는 동물이었는데요. 캥거루입니다. 제가 좋아하는 동물이에요. 캥거루는 귀여운 모습으로 아기 캥거루를 주머니에 넣고 다녀요. 다리 힘도 쎈 거 같아요. 저희 모둠원들이 좋아하는 동물에도 고양이도 있었어요.

⬆

해설 주제와 상관없는 내용이 들어가지 않아야 합니다.

바꾼 후

㉑ 3모둠장 현진우입니다. 저희 모둠은 호주를 상징하는 동물에 대해 조사하였습니다. 캥거루는 사람처럼 새끼를 낳는 동물입니다. 크기는 보기만 한 것에서부터 2미터나 되는 것까지 있습니다. 호주의 상징이 된 까닭은 캥거루가 호주에서만 살기 때문이라고 합니다. 그리고 호주에는 사람의 수보다 캥거루의 수가 더 많다고 합니다.

나라를 상징하는 동물을 알아보아요

• 캐나다: 비버. 몸의 길이는 60~70cm의 갈색 빛깔의 새끼를 낳는 동물이다.
  꼬리는 넓고 편평하며 비늘로 덮여 있다.

• 태국: 코끼리. 육지에 사는 동물 가운데 가장 큰 동물로 새끼를 낳는다. 실가죽
  은 두껍고 털이 거의 없으며 긴 코와 상아라고 하는 긴 앞니가 두 개 있다.

3회 문화

2 블로그를 읽고 마인드맵으로 정리하기

설

나라마다 고유의 풍속이 있어요.
우리나라에도 여러 가지 세시 풍속이 있는데 설은 새로운 한 해를 맞이하는 첫날이에요. 블로그를 읽고 설에 대해 마인드맵으로 정리해 보세요.

내 블로그 | 이웃 블로그 | 블로그 홈

URL 복사

우리나라의 세시 풍속, 설

 빵나무 20OO 06 06 13:05

설은 음력 1월 1일을 일컫는 말로, 신정, 원일, 원단, 정조, 정월이라고도 함.

우리 조상들을 묵은해를 보내고 새해를 시작하는 설을 뜻깊은 명절로 여겼습니다. 설날 아침 일찍 일어나 미리 마련해 둔 새 옷으로 갈아입는데 이 새 옷을 설빔이라고 합니다. 설빔을 입고 조상에게 차례를 지내며 새해에 집안에 좋은 일만 생기게 해 달라고 빌었습니다. 이렇으로 떡국을 먹고 웃어른께 세배를 합니다. 아이들이 세배를 하면 어른들은 시 세뱃돈과 함께 건강과 축복을 기원하는 덕담을 해 주셨습니다. 이날은 조상의 신소를 직접 찾아가 돌보며 성묘도 합니다.

설날의 놀이는 매우 다양합니다. 이 날은 윷놀이, 투호놀이, 연날리기 같은 민속놀이를 합니다. 윷놀이는 둘 또는 두 편 이상의 사람이 교대로 윷을 던져서 그 윷에 따라 말을 움직여 모든 말이 먼저 도착점을 통과하는 편이 이기는 놀이입니다. 투호놀이는 두 사람 또는 편을 나누어 일정한 거리에 항아리를 놓고 그 속에 화살을 던져 넣는 놀이로, 화살이 수를 세어 승부를 결정하는 놀이입니다. 연날리기는 오랜 옛날부터 내려오는 놀이로 겨울철 바람을 이용하여 연을 하늘에 띄우는 민속놀이입니다.

한편, 옛날에는 설날 새벽 복조리 장사들이 골목을 다니면서 복조리를 사라고 외쳤습니다. 각 가정에서는 부엌이나 안방, 마루 등의 벽에 걸어 놓았는데, 1년 동안 필요한 수만큼의 복조리를 썼습니다. 조리는 쌀을 이는 도구인데 복조리는 그해에 복을 조리로 일어 얻는다는 뜻이 담긴 물건입니다.

▲복조리

#설 #서시풍속 #명절 #성묘 #설빔 #세배 #복조리

활동1 이 내용이 담긴 디지털 매체는 무엇인가요? 신문 문자 블로그 누리집

▲ 암맞은 것에 ○표를 하세요.

우리나라의 명절을 지키자고 주장하는 글이다. [ ]
우리나라의 명절인 설에 대한 설명하는 글이다. [ ]

해설 우리나라의 명절인 설이 뭣과 하는 일, 놀이, 복조리의 유래 등이 나타난 글입니다.

▲ 이 글에서 사용한 매체의 특징은 무엇인지 골라 기호를 쓰세요. [ㄴ]

㉮ 사진과 간단한 사진 설명을 쓴다.
㉯ 사진과 동영상을 활용할 수 있다.
㉰ 상대와 실시간으로 대화를 할 수 있다.

해설 블로그는 사진과 동영상이 함께 올려져 있어져 글을 재미있고 쉽게 읽을 수 있습니다.

활동2 블로그를 다시 읽고 설에 대해 마인드맵으로 정리해 보세요.

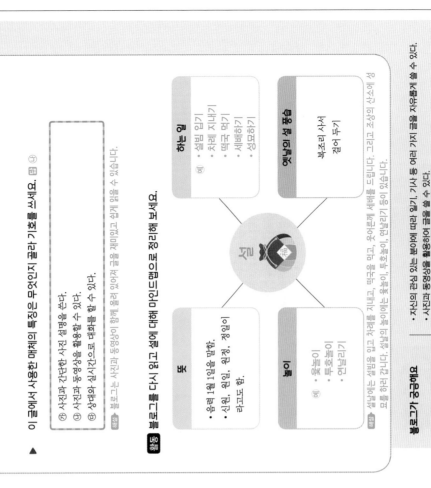

설 福

뜻
- 음력 1월 1일을 말함.
- 신정, 원일, 원단, 정조, 정월이라고도 함.

놀이
예)
- 윷놀이
- 투호놀이
- 연날리기

하는 일
예)
- 설빔 입기
- 차례 지내기
- 떡국 먹기
- 세배하기
- 성묘하기

옛날의 설 풍습
- 복조리 사서 걸어 두기

해설 설날에는 설빔을 입고 차례를 지내고, 떡국을 먹고, 웃어른께 세배를 드립니다. 그리고 조상의 신소에 성묘를 하러 갑니다. 설날의 놀이에는 윷놀이, 투호놀이, 연날리기 등이 있습니다.

블로그가 궁금해요
- 자신의 관심 있는 분야에 따라 일기, 기사 등 여러 가지 글을 자유롭게 쓸 수 있다.
- 사진과 동영상을 활용하여 글을 쓸 수 있다.
- 내가 쓰려는 글의 키워드를 보여 줄 수 있다.
- 혼자 이용하기도 하지만 홍보에 활용함도 수 있다.

4회 과학

1 인터넷 게시판을 읽고 댓글 쓰기

타조와 치타, 누가 더 빠를까?

동물을 좋아하는 원준이는 장래 희망이 수의사예요. 그래서 동물에 대한 책도 많이 읽고, 동물원에도 자주 가요. 인터넷에서 빠른 동물을 검색하다가 타조와 치타에 대한 한 글을 찾았어요. 인터넷 게시판을 읽고 생각이나 느낌을 댓글로 써 보세요.

자유 게시판

☆ 참여 소통 > 열린 게시판 > 자유 게시판

동물 올림픽에서 달리기를 하면 금메달은 치타와 타조 중 누구?

작성자: 관리자 | 작성일: 20○○-09-09 10:40 | 댓글 3 | 조회수 79

고양이와 비슷하게 생긴 치타는 몸의 길이가 1.5미터 정도이고 네 다리가 가늘고 길며, 화색 또는 갈색 바탕의 몸에 검은색 둥근 점무늬가 많은 동물이야. 동물원에서 볼 수 있고, 달리는 속도가 시속 112km 정도나 된다. 그런데 신기하게 치타가 짧은 거리는 빨리 달릴 수 있지만 200미터 이상의 거리는 잘 뛰지 못한다고 해.

새끼를 �밴 모습을 본 적도 있을 거야.

그러면 치타와 경쟁하는 타조는 어떨까?

타조는 키가 2~2.5미터인 새요. 수컷과 암컷의 색깔이 다른데 수컷은 검은색이고 암컷은 갈색이야. 머리가 작고 다리와 목이 길고 긴 타조는 새이긴 하지만 날개가 작아서 날지는 못해. 하지만 새 중에서 가장 크지. 무엇보다 다리가 튼튼해 빨리 달리는데, 최고 속도가 시속 90km 정도나 될 수가 있어.

올림픽에 비유하여 말하자면, 100미터 달리기에서는 치타가 금메달, 타조가 은메달을 딸 거야. 하지만 500미터 달리기에서는 타조가 금메달, 치타가 은메달을 딸 수 있다는 거지.

그럼, 타조는 새인데 어떻게 달리기를 잘하는 걸까?

과학자의 연구에 의하면 타조는 두 개의 발가락을 가지고 있기 때문이래. 숙제코인가 무릎 앞쪽 한가운데 있는 작은 종지 모양의 오목한 뼈를 말해. 무릎 인대로 돌라씨여 있으며, 무릎 관절을 보호하는 역할을 하는 거래. 어때? 놀랍지 않니? 앞수록 놀라운 계 동물의 세 계인가 보아.

공감 15 ♡ | ∨   댓글 3 ↓ | ∨

활동 이 내용이 담긴 디지털 매체는 [인] [터] [넷] [게] [시] [판] 이다.

2주차

▲ 100미터를 더 빨리 달리는 동물은 무엇인지 ○표를 하세요.

해설 짧은 거리인 100미터를 더 빨리 달리는 동물은 치타입니다.

▲ 인터넷 게시판의 내용으로 알맞은 것을 모두 골라 기호를 쓰세요. **답** ㉮, ㉱

⑦ 치타는 수컷과 암컷의 색깔이 다르다.
㉮ 치타는 새끼를 낳는 동물 중에서 가장 걸음이 빠르다.
㉯ 타조가 잘 달리는 까닭은 두 개의 슬개골이 있기 때문이다.
㉱ 타조는 고양이와 비슷하게 생겼으며, 갈색 바탕의 몸에 검은색 둥근 점무늬가 많은 동물이다.

해설 수컷과 암컷의 색깔이 다른 동물은 타조입니다. 달리는 속도가 가장 빠른 것은 치타이고, 고양이와 비슷하게 생겼으며 갈색 바탕의 몸에 검은색 둥근 점무늬가 많은 동물은 치타입니다.

활동 인터넷 게시판을 다시 읽고 생각이나 느낌을 댓글로 써 보세요.

↩ 댓글

댓글 달기

타조의 두 다리가 그렇게 튼튼했군요. 대단합니다.
강나래 | 20○○. 09. 09 11:17 신고

장거리에서는 타조가 금메달!!!
서지수 | 20○○. 09. 09 11:19 신고

예 동물원에서 치타나 타조를 보면 엄지척 해 주고 싶어요.
민서영 | 20○○. 09. 10. 08:08 신고

1000자 이내   **등록**

1000자 이내   **등록**

1000자 이내   **등록**

해설 타조나 치타의 특징에 대한 생각이나 느낌을 자유롭게 씁니다.

댓글이 뭐예요?

· 인터넷에 오른 글에 대해 짧게 쓰는 글이다.
· 글에 대한 자신의 생각과 느낌을 표현할 수 있다.
· 댓글을 통해 의견을 주고받을 수 있으며 토론을 할 수도 있다.
· 여러 사람과 의견과 의견을 공유할 수 있다.

4회 문화

2 인터넷 뉴스를 읽고 온라인 대화 하기

우리나라의 발효 식품

한국의 대표 발효 식품인 김치가 전 세계에서 큰 인기를 끌고 있어요.
인터넷 뉴스를 읽고 온라인 대화방에서 외국인 친구에게 한국의 발효 식품에 대해 소개해 보세요.

NEWS | 과학 | 연예 | 스포츠 | TV연예 | 날씨

[발효 과학 시리즈]
20○○-01-11 11:11:00 | 조회 112

암을 억제하는 효과가 있는 콩 발효 식품

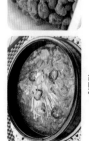

▲ 청국장   ▲ 낫토

[박소연 기자] 최근 암 환자가 많아지면서 암을 이기게 하는 식품에 대한 관심 또한 높아지는 가운데 콩 발효 식품이 항암 식품으로 주목을 받고 있다. 한·중·일의 콩 발효 식품인 청국장, 물누시, 낫토의 암 예방 기능성과 암세포가 퍼지는 것을 막는 효과를 분석한 결과 우리나라의 청국장이 암을 이겨 내는 효과가 가장 뛰어난 것으로 세계 여러 나라의 관심을 받고 있다.

김치, 반찬에서 요리로

[양하 기자] 최근 우리나라의 대표적인 발효 식품인 김치가 코로나19 증상을 악화하게 만드는 데 도움이 되다는 연구 결과가 발표되면서 주목을 받고 있다. 김치가 다시 조명을 받는 것은 해외에서 한국 문화에 대한 관심이 높아지고, 김치를 건강식품으로 여기면서 찾는 사람이 늘고 있기 때문이다.

또 김치 샌드위치, 김치 피자 등으로 김치가 젊은 세대와 세계인의 입맛에 맞게 다양하게 활용되면서 반찬 이미지에서 벗어나 요리나 간식으로 거듭나고 있다.

김치의 인기는 수출로도 이어지고 있다. 농림축산식품부에 따르면 2021년 현재 김치 수출액은 작년 같은 시기에 비해 17%나 증가했다. 이런 식으로 점점 늘게 되면 지난해 김치 수출액을 또다시 뛰어넘을 것으로 보고 있다.

연도별 김치 수출액 (단위: 달러)

연도	수출액
2016	7890만
2017	8410만
2018	9750만
2019	1억 500만
2020	1억 4500만

자료: 농림축산식품부

확인 이 내용이 담긴 디지털 매체는 인터넷 뉴 스 이다.

주차 2

▲ 인터넷 뉴스의 기삿거리는 무엇인지 알맞은 것에 ○표 하세요.

가공 식품 　　　 (발효 식품)

해설 발효 식품을 기삿거리로 정해 쓴 인터넷 뉴스입니다.

▲ 인터넷 뉴스를 읽고 정리한 내용이에요. 빈칸에 들어갈 알맞은 말에 ○표 하세요.

• 암 세포가 퍼지는 것을 막는 효과가 가장 높은 식품은 ((청국장) , 물누시 , 낫토)이다.
• 김치가 코로나19 증상을 악화하게 만드는 데 도움이 된다는 연구 결과가 발표되는 등 건강식품으로 널리 알려지면서 김치의 수출이 (줄어들고 , (늘어나고)) 있다.

해설 첫 번째 기사에서는 콩 발효 식품 중 암 세포가 퍼지는 것을 막는 효과가 가장 높은 식품은 청국장이라고 했습니다. 두 번째 기사에서는 김치가 코로나19 증상을 악화하게 만드는 데 도움이 되다는 연구 결과가 발표되는 등 건강식품으로 널리 알려지면서 김치의 수출이 늘어나고 있다고 했습니다.

활동 인터넷 뉴스 내용을 바탕으로 온라인 대화방에서 외국인 친구에게 한국의 전통 발효 식품에 대해 소개해 보세요.

< 토미 　　　　　오전 9:11

토미, 안녕? 콩으로 만든 반찬이 떨어서 반가워. 궁금한 것이 있으면 언제든지 물어봐.

오전 9:13

지민, 안녕. 고마워. 내가 한국 문화를 잘 몰라. 김치는 너무 맵고, 오늘 청국장? 그거 맛있어.

김치에는 고춧가루, 마늘 같은 게 들어가서 매울 거야. 청국장은 나도 좋아하는 음식인데, 발효 식품이라 몸에도 좋은 거야.

오전 9:14

해설 발효 식품이 좋은 유익한 효과 등을 씁니다.

< 토미 　　　　　오전 9:15

발효 식품? 발효 식품에 대해 알고 싶어. 알려 줄래?

예) 한국은 오래전부터 다양한 발효 식품을 만들어 먹었어. 김치, 된장, 청국장 등이 있어. 다양한 연구를 통해 김치와 청국장 등이 암세포가 퍼지는 것을 막고, 면역력을 키워 준다는 것이 밝혀졌어.

발효 식품이 뭐예요?

• 발효 식품은 곰팡이, 세균 같은 미생물이 음식 재료를 분해시켜, 원래 재료에는 없던 영양분과 맛이 생긴 식품이다.
• 우리나라의 발효 식품에는 간장, 된장, 고추장, 청국장 같은 전통 장류와 김치, 젓갈, 술, 식초 등이 있으며, 외국의 발효 식품에는 치즈, 요구르트 등이 있다.

5회 과학

정답과 해설 26쪽

1 블루투스와 인터넷 백과사전을 읽고 광고 만들기

미래의 교통수단

우리가 공상 만화 영화에서나 보던 미래형 교통수단이 여러 곳에서 연구 중이에요. 최근에는 나라마다 미래형 교통수단을 개발하고 있다고 해요. 웹툰과 인터넷 백과사전을 읽고 미래의 교통수단에 대해 알아보고 광고를 만들어 보세요.

확인 이 내용이 담긴 디지털 매체는 [웹] [툰] 과 인터넷 [백] [과] [사] [전] 이다.

오후 02:30 · 독독백과사전

미래의 교통수단

자기 부상 열차

자석이나 전류끼리, 또는 자석과 전류가 서로 끌어당기거나 밀어냄으로써 서로에게 미치는 힘인 자기력을 이용하여 차량을 일정한 높이의 궤도 위로 띄워 주행하는 열차를 말한다.

하늘을 나는 택시

드론 모양을 가진 항공 택시이다. 수직 이동과 동시에 하늘을 날 수 있다.

2주차

오후 03:30 · 독독백과사전

하이퍼루프

2013년 테슬라 모터스의 최고 경영자인 일론 머스크가 테슬라 모터스 블로그에 하이퍼루프에 대한 아이디어를 공개한 뒤 전 세계의 많은 기업에서 하이퍼루프를 개발하고 있다.

일정한 공간에 공기 등이 들어 있지 않는 것을 진공이라고 하는데, 진공 상태에서 공차가 달리게 되면 매우 빠르게 달릴 수 있다. 하이퍼루프는 이렇게 진공 상태의 긴 튜브 안을 달리도록 만든 캡슐 모양의 열차를 말한다.

하이퍼루프는 현재 이용되는 KTX보다 더 빠르고 비행기보다 빠를 것으로 예상하고 있다.

〈장점〉

- 속도가 더 빠르다.
- 비용이 더 저렴하다.
- 날씨에 영향을 받지 않는다.
- 환경 오염 물질이 배출되지 않는다.
- 지진이 일어나도 큰 피해가 없다.
- 경로 근처에 사람이 있어도 불편하지 않다.

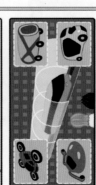

트램이 뭐예요?

- 도로의 일부에 설치한 레일 위를 운행하는 전차이다.
- 전기로 운행하는 친환경 교통수단으로 공해가 발생하지 않는다.
- 좁은 도로에서는 교통 혼잡이 발생한다.
- 유럽이나 홍콩 등에서 쉽게 볼 수 있다.

주차 **2**

정답과 해설 27쪽

활동 2 우리나라의 미래형 교통수단인 하이퍼튜브를 광고하려고 합니다. 광고 제목을 정해 보세요.

이름	특징
하이퍼튜브	• 비행기보다 빠르다. • 친환경 교통수단이다. • 날씨에 영향을 받지 않는다.

➡

광고 제목: 예) 꿈의 열차, 하이퍼튜브

해설 하이퍼튜브의 특징이 잘 드러나는 제목을 정합니다.

활동 3 다음은 미래형 자동차를 알리는 광고입니다. 이 광고를 참고하여 우리나라의 미래형 교통수단인 하이퍼튜브 광고를 만들어 보세요

예) 꿈의 열차, 하이퍼튜브

해설 광고 문구에 하이퍼튜브의 특징이 잘 드러나도록 광고를 만듭니다.

▲ 웹툰에서 이야기하고 있는 주제는 무엇인지 ○표를 하세요.

과거의 교통수단	현재의 교통수단	미래의 교통수단 (○)

해설 웹툰에서 두 사람은 미래의 교통수단에 대해 이야기하고 있습니다.

▲ 웹툰과 인터넷 백과사전을 읽고 알 수 있는 미래의 교통수단에 대한 설명으로 알맞지 않은 것의 기호를 쓰세요. 답 ㉯

㉮ 자기 부상 열차는 자기력을 이용하여 움직인다.
㉯ 공상 만화 영화에 나오는 교통수단은 만들 수가 없다.
㉰ 드론의 특성을 이용해 하늘을 나는 택시도 자주 보게 될 것이다.
㉱ 미래에는 에너지 부족과 환경을 고려한 여러 가지 교통수단이 등장할 것이다.

해설 예전 공상 만화 영상에서만 보던 교통수단들이 많은 사람들의 연구를 통해 만들어지고 있습니다.

활동 1 인터넷 백과사전을 바탕으로 온라인 대화방에 하이퍼튜브에 대해 설명하는 내용을 간단히 써 보세요.

< 김진우

김진우: 미래야, 오늘 뉴스에 하이퍼튜브가 나오던데, 그게 멎지 앟아!? 오후 5:25

김진우: 응. 몰로 알지. 하이퍼튜브는 미래의 교통수단인데 미국에서 개발하고 있대. 오후 5:29

김진우: 교통수단이면 버스나 열차 같은 거지? 오후 5:34

< 김진우

예) 그렇지. 진공 상태의 긴 튜브 안을 달리는 캡슐 모양의 열차인데, 엄청나게 빠르대. 오후 5:45

해설 하이퍼튜브는 미래형 교통수단으로 진공 상태의 긴 튜브 안을 달리는 캡슐 모양의 열차입니다.

5회 생활

2 온라인 대화방에서 투표하고 까닭 쓰기

짝을 바꾸는 방법

영주네 반은 짝을 바꾸어야 할 때가 되었어요. 선생님은 단계 이야기방에서 반 친구들에게 짝을 바꾸는 방법에 대해 자유롭게 이야기하고 투표로 짝을 바꾸는 방법을 정하자고 하시네요. 어떻게 바꾸는 것이 좋을지 투표하고 그 까닭을 말해 보세요.

활동 이 내용이 담긴 디지털 매체는 온라인 대 화 방 이다.

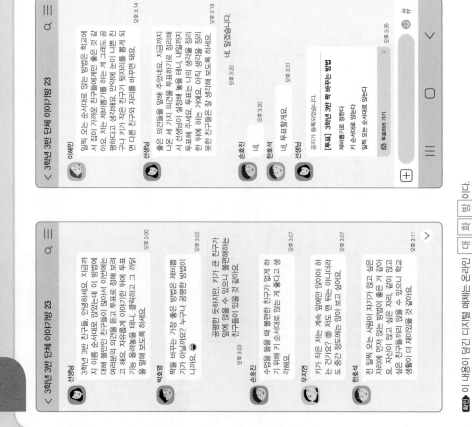

< 3학년 3반 단계 이야기방 23

선생님 오후 3:00
3학년 3반 친구들, 안녕하세요. 지금까지 번호 순서대로 짝을 바꿨었는데 이 방법에 대해 불만이 많아서 이번에는 여러분의 의견을 듣고 투표로 짝을 정해 보려고 해요. 자유롭게 이야기한 뒤에 투표 기능을 이용할 테니, 끝까지 잘 읽고 투표를 잘 해 주세요.

박호영 오후 3:02
짝을 바꾸는 가장 좋은 방법은 제비뽑기가 아닐까요? 누구나 공평한 방법이 니까요.

손호진 오후 3:03
공평한 듯하지만, 키가 큰 친구가 없게 하 기 위해 키 순서대로 앉는 게 좋다고 생 각해요.

우지연 오후 3:07
키가 작은 저는 계속 앞에만 앉아야 하 는 건가요? 😥 저도 맨 뒤도 아니더라 도 중간 정도에는 앉아 보고 싶어요.

한호석 오후 3:11
전 일찍 오는 사람이 자기가 앉고 싶은 자리에 먼저 앉고 싶은 자리에 앉고 싶고, 자신이 앉고 싶은 자리, 같이 앉고 싶은 친구들끼리 앉을 수 있으니 하고 싶어 생활이 더 재미있을 것 같아요.

< 3학년 3반 단계 이야기방 23

이해린 오후 3:14
일찍 오는 순서대로 앉는 방법은 학교에 일찍이 가까운 친구들에게만 좋은 것 같 아요. 저는 제비뽑기를 하는 게 그래도 공 평하다고 생각해요. 만약에 눈이 나쁜 친 구나 키가 작은 친구가 뒷자리를 뽑게 되 면 다른 친구와 자리를 바꾸면 돼요.

선생님 오후 3:20
좋은 의견들을 말해 주셨어요. 지금까지 나온 세 가지 의견을 투표하기로 정리해 선생님이 설정해 놓을 테니, 내일까지 투표해 주세요. 투표는 나의 생각을 정리 한 뒤에 하는 거예요. 아직 생각을 정리 못한 친구들은 잘 생각해 보도록 하세요.

손호진 오후 3:20
네.

한호석 오후 3:31
네, 투표할게요.

선생님 오후 3:35
공지가 등록되었습니다.

[투표] 3학년 3반 짝 바꾸는 방법
제비뽑기로 정한다
키 순서대로 앉는다
일찍 오는 순서대로 앉는다
📋 투표하기

주차 2

3학년 3반 단계 이야기방에서는 무엇에 대해 이야기를 나누었는지 ◯표를 하세요.

[짝을 정하는 방법]   [짝과 사이좋게 지내는 방법]

해설 선생님은 3학년 3반 친구들에게 짝을 정하는 방법을 정하려고 하셨어요.

▲ 다음 의견과 의견을 낸 사람을 알맞게 선으로 이으세요.

키 순서대로 앉는 것이 좋다. ✕ 재비뽑기로 정해 앉는 것이 공평하다.

박호영
손호진

해설 키 순서대로 앉는 것이 좋다는 이건은 손호진, 재비뽑기로 정해 앉는 것이 공평하다는 이건은 박호영이 의견입니다.

활동 김영주가 투표한 것을 참고하여 짝을 정하는 방법을 투표하고 그렇게 투표한 까닭을 써 보세요.

선생님 방금 · 공지 · 5명 읽음
3학년 3반 짝 바꾸는 방법을 투표로 정합니다.
3학년 3반 짝 바꾸는 방법
○ 제비뽑기로 정한다   2명
○ 키 순서대로 앉는다   1명
○ 일찍 오는 순서대로 앉는다   2명
투표하기   5명 참여

김영주
키 순서대로 앉는 것이 좋다고 생각 해요. 우리 반에는 키가 다른 아이들 이 많아요. 그래서 키가 작은 친구들 은 앞자리에 앉고, 키가 큰 친구들은 뒷자리에 앉는 것이 공부할 때 문제 가 없다고 생각해요.

선생님 방금 · 공지 · 5명 읽음
3학년 3반 짝 바꾸는 방법을 투표로 정합니다.
3학년 3반 짝 바꾸는 방법
○ 제비뽑기로 정한다   2명
○ 키 순서대로 앉는다   1명
○ 일찍 오는 순서대로 앉는다   2명
투표하기   5명 참여

예 제비뽑기로 짝을 정하는 것이 좋다고 생각합니다. 누구나 만족할 수도 없지만, 다른 방 법은 차별이 될 수 있는데, 제 비뽑기는 공평한 방법이라고 생각하기 때문입니다.

해설 짝을 정하는 방법 세 가지 중 한 가지에 투표를 하고 그 까닭을 써 봅니다.

온라인 단계 이야기방이 무엇인가요?

· 세 명 이상이 함께 필요한 정보를 나누거나 여러 친구들과 대화하기 위해 사용 하는 온라인 대화방이다.
· 단체 이야기방에서 대화를 나눌 때는 다른 사람에게 상처 주지 않도록 인터넷 예절을 지켜야 한다.

확인 문제

정답과 해설 29쪽

5 다음 빈칸에 알맞은 말을 쓰세요.

> 인터넷에 오른 글에 대해 짧게 짧게 답하여 쓰는 글을 (댓글)이라고 한다.

해설 인터넷에 오른 글에 대해 짧게 짧게 답하여 쓰는 글을 댓글이라고 합니다. 나쁜 댓글은 악플, 착한 댓글은 선플이라고 합니다.

6 이 인터넷 뉴스에 대해 잘못 말한 친구의 이름을 쓰세요.

> 민주: 첫 번째 기사에는 글과 함께 사진 자료가 있어서 내용 이해에 도움이 되는데.
>
> 현성: 두 번째 기사에 나온 그래프 자료는 내용 이해에 방해가 되어 없는 게 나을 거 같아.

(현성)

7 다음은 투표가 가능한 매체입니다. 이 매체는 무엇인지 여섯 글자로 쓰세요.

(온라인 대화방)

해설 이 매체는 온라인 대화방입니다.

확인 문제

1 다음과 같은 매체를 무엇이라고 하나요? (④)

① 웹툰
② 광고
③ 블로그
④ 인터넷 게시판
⑤ 인터넷 백과사전

해설 이 매체는 인터넷 게시판입니다.

2 다음과 같이 축제를 알리는 광고를 만들 때 들어갈 내용이 아닌 것은 무엇인가요? (⑤)

① 축제가 열리는 때
② 축제가 열리는 곳
③ 축제에서 하는 행사
④ 축제의 특징이 담긴 제목
⑤ 축제에 참가하는 사람들의 수

해설 축제에 참가하는 사람들이 수는 광고에 들어가지 않습니다.

3 다음 매체에서 소개한 사람은 누구인지 쓰세요.

(문어점)

해설 이 블로그에서 소개하는 사람은 문어점이라는 문어입니다.

4 블로그에 대한 설명으로 알맞지 않은 것은 무엇인가요? (⑤)

① 혼자 이용하기도 한다.
② 홍보에 활용할 수 있다.
③ 사진과 동영상을 활용하여 글을 쓸 수 있다.
④ 내가 쓰려는 글의 키워드를 보여 줄 수 있다.
⑤ 세 명 이상이 동시에 대화할 수 있는 매체이다.

해설 세 명 이상이 동시에 대화할 수 있는 매체는 온라인 대화방으로 단계 이야기방의 특징입니다.

디지털 매체 학습으로 문해력 기우기

'디지털독해가 문해력이다'

디지털독해력은 다양한 디지털 매체 속 정보를 읽어내는 힘입니다.

아이들이 접하는 디지털 매체는 매일 수많은 정보를 만들어 내기 때문에 디지털 매체의 정보를 판단하는 문해력은 현대 사회의 필수 능력입니다.

《디지털독해가 문해력이다》은 교과서 내용을 중심으로 디지털 매체 속 정보를 확인하고 다양한 과제를 해결해 보세요.

3

정답과 해설

1회 생활

1 웹툰을 읽고 하고 싶은 말 표현하기

다섯 글자로 전해요

순수네 가족은 가족 회의 시간에 서로 하고 싶은 말을 다섯 글자로 전하기로 했어요. 웹툰 〈다섯 글자로 전해요〉를 읽고 순수네 가족처럼 가족에게 하고 싶은 말을 다섯 글자로 표현해 보세요.

확인 이 내용이 담긴 디지털 매체는 웹툰이다.

웹툰에서 순수네 가족 회의의 안건은 무엇인지 ○표를 하세요.

가족에게 하고 싶은 말	○
가족과 함께 할 수 있는 놀이	

해설 웹툰에서 순수네 가족은 가족에게 하고 싶은 말을 다섯 글자로 줄여서 말하기로 하였습니다.

다섯 글자의 말을 알맞게 바꾼 것을 찾아 선으로 이으세요.

- 네 방 좀 치워.   — 둘 다 방을 좀 치우렴.
- 누가 할 소리.   — 네 방을 좀 치우렴.
- 둘 다 똑같아.   — 나도 그 말을 하고 싶었어.

해설 다섯 글자 속에 생략되어 있는 말이 무엇인지 생각해 봅니다.

활동 순수네 가족처럼 가족에게 하고 싶은 말을 다섯 글자로 표현해 보세요.

말할 대상	하고 싶은 말
예) 동생	예) 네가 참 좋아.

해설 가족 중 한 사람을 정해 평소 하고 싶어 했던 말을 다섯 글자로 재미있게 표현합니다.

회의를 하면 좋은 점이 무엇예요?

- 여러 사람의 의견을 들을 수 있다.
- 문제에 대한 좋은 해결 방법을 찾을 수 있다.
- 혼자 해결할 수 없는 문제도 생각을 모아 해결할 수 있게 된다.

3
주차

정답과 해설 34쪽

조선의 북쪽에 있는 백두산 천지의 좀횐나비부터 가장 남쪽에 있는 마라도의 먹부전나비까지.
전국의 나비를 쫓아다니며 석주명은 새로운 사실을 알게 되었다. 그때까지 흰줄나비로 알게 조선의 나비
844종을 분류해 놓은 것이 기존 없이 기준 없이 제멋대로였다는 것이다. 배추흰나비의 날개 길이가 다른 까닭은
종이 다르다고 되어 있었는데, 사실은 변이가 생긴 같은 종이었던 것이었다.
사람을 알아내기 위해 석주명은 나비의 길이를 재고 날을 다듬고 무늬를 세기를 맞은 번.
그는 나비 3만 마리를 관찰하여 논문 8편을 썼다.
그리고 새로 발견한 나비들에게는 우리말 이름을 붙여 주었다.

유리창 같은 투명한 막이 있는 날개로 요란하게 나는 나비는 유리창떡멸생이나비,
날개가 모시 천처럼 곱은 나비는 모시나비,
날개가 새까만 나비는 굴뚝나비.

▲ 굴뚝나비

▲ 모시나비

▲ 유리창떡멸생이나비

또 전국의 나비가 분포되어 있는 것을 지도에 표시한 나비 분포도를 500장 정리하였으며
"내가 다른 길이 거의 거미줄 모양으로 완성되어 가고 있다.
몇 해가 지나 나비 종류 수마다 붉은 선 거미줄이 완성되면 이 분포 지도를 보고 여행을 떠날 것이다."
라는 말을 남겼다. 그러나 1950년 한국전쟁이 일어났는데 피난도 하지 않고 자료를 지키던 중, 석주
명은 괴한의 총에 목숨을 잃게 된다.

나비를 사랑하여 나비와 함께했던 석주명은 잊은 고생 끝에 정리한 <조선산 나비 총목록>을 영국 왕립
학회 도서관에 한국의 최초로 도서로서 남긴 업적을 만든 인물이었다.

*변이: 같은 종에서 성별이나 나이와 관계 없이 모양과 성질이 다른 개체가 존재하는 현상.

인터넷 백과사전을 활용
하면 어떤 점이
좋은가요?

• 사진이나 그림, 도표, 동영상 등 여러 가지 시각적인 자료가 있어서 지식이나 정
  보 이해에 도움이 된다.
• 긴 글을 읽을 때보다 쉽게 이해할 수 있다.
• 정보에 대한 다양한 부가 내용을 다루고 있기 때문에 배경지식을 넓힐 수 있다.

1회
인물

2 인터넷 백과사전을 읽고 SNS에 글 쓰기

나비를 사랑한 석주명

인터넷에서 석주명에 대해 검색해 보았어요. 다양한 정보들을 찾을 수 있었는데, 그
중에서 인물에 대한 이야기가 눈에 들어왔어요. 검색한 내용을 바탕으로 SNS에 올
릴 글을 써 보세요.

독독백과사전

사진 소개 | 연보

나비에 미치다

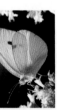

석주명(1908~1950)
교사, 생물학자
곤충, 특히 나비 연구에 업적을 남김.
국립과학박물관 연구원장을 지냄.

개성 송도 고등보통학교에서 곤충을 연구하는 박물 교사 석주명은 나비를 특히 좋아하여 숲속을 헤매고 다니는
등 행동이 특이하여 괴짜 선생님으로 유명했다. 그런즘 좋아하는 것에다 성격도 괴짜였기 때문에

1938년 어느 날, 석주명은 영국 왕립 아시아학회로부터
"조선의 모든 나비에 대해서 책을 써 주시오."
라는 내용이 담긴 편지를 받게 되었다.
그래서 그는 이후에 수들을 뺀 모든 시간을 나비 채집에 몰두하게 된다.
사람들은 그의 모습을 보고
"무슨 돈을 벌려 걸린 거요?"
"나비도 약이 되나요?"
라고 물음을 했다. 먹고 사는 것이 우선인 사람들의 눈에는 나비는 돈도 안 되고 쓸모없는 것이데다 시간 가는 줄 모
르고 찾아 헤매 다니기 때문이었다.
그러나 석주명은 아무도 관심 갖지 않는 분야일수록 연구해야 하는 대상이라고 생각했다.

▲ 먹부전나비

▲ 배추흰나비

▲ 좀횐나비

활동 이 내용이 담긴 디지털 매체는 인터넷 [백] [과] [사] [전] 이다.

76 디지털독해가 문해력이다

▲ 인터넷 백과사전에서 읽은 내용을 정리해 보세요.

직업
교사, 생물학자,
곤충·나비 연구학자

새로 발견한 나비
예 우리청띠들색팔랑나비,
모시나비, 굴뚝나비 등

석주명

성격
예 좋아하는 것에 몰두를 잘함.

업적
영국 왕립학회 도서관에
한국인 최초로 도서를 담김.

해설 석주명은 교과서에서 생물학자, 곤충·나비 연구학자입니다. 좋아하는 것에 몰두를 잘해서 나비를 찾는 데 시간 가는 줄을 모르고 찾아 헤매 다녔습니다. 새로 발견한 나비에는 우리청띠들색팔랑나비, 모시나비, 굴뚝나비 등 여러 이름을 붙였습니다. 그리고 영국 왕립학회 한국인 최초로 도서를 담기는 업적을 세웠습니다.

▲ 석주명이 전국을 다니며 관찰한 나비의 이름을 써 보세요.

배추흰나비

굴뚝나비

부전나비

모시나비

해설 석주명은 전국의 나비를 찾아다니며 나비를 관찰하였습니다. 그리고 새로 발견한 나비들에게는 우리말 이름을 붙여 주었습니다.

3단계_3주차 77

활동 1 석주명처럼 나비에 재미있는 이름을 붙여 보세요.

카펫 나비

예 초코에 흰나비

해설 나비의 색깔이나 모양 등에 따라 재미있게 이름을 붙입니다.

활동 2 인터넷 백과사전에서 찾은 내용을 SNS에 올리려고 합니다. 제시된 SNS를 참고하여 앞에서 정리한 내용을 바탕으로 글을 써 보세요.

@GHK_D-WJD

♥ 258 Likes

우리나라의 나비 연구에 평생을 바친 석주명.
영국 왕립학회 도서관에 한국인 최초 자서가
소장됨.
기억하자, 자랑스러운 한국인이었음을.

#석주명 #자랑스러운한국인 #나비 #영국왕립학회

@GHK_D-WJD

♥ 258 Likes

예 우리청띠들색팔랑나비
나비 이름을 듣고 나비가 어떻게
날아다니는지 상상하니 웃음이
나.

#우리청띠들색팔랑나비
#나비이름 #석주명 #우리말

해설 인터넷 백과사전에서 찾은 내용을 바탕으로 재미있는 석주명이나 석주명이 발견한 나비에 대해 글을 씁니다.

2회 문화

1 블로그를 읽고 알게 된 내용 정리하기

나라마다 다른 젓가락 문화

아시아 문화에 관심이 많은 호제는 여러 가지 자료를 찾아보다가 한중일 젓가락 문화에 대한 블로그의 글을 읽었어요. 블로그의 내용을 읽고 새롭게 알게 될 내용을 정리해 보세요.

블로그 ∨

← → ⟳   URL 표시

내 블로그 | 이웃 블로그 | 블로그 홈   로그인 | 안부

메모 | 안부

나라마다 다른 젓가락 문화

하민주 2000. 10. 10 17:33

우리가 밥 먹을 때마다 빠지지 않는 도구 숟가락과 젓가락! 숟가락은 밥과 국을 먹을 때 주로 쓰지만, 젓가락은 밥을 먹을 때도 여러 가지 반찬을 먹을 때도 사용한다. 이런 숟가락과 젓가락은 나라마다 조금씩 모양과 쓰임새가 다르다.

한국의 젓가락은 일본의 젓가락보다는 길고 중국의 젓가락보다는 짧다. 그리고 두께도 중국과 일본의 것 사이이다. 한국의 젓가락은 국물이 있는 음식을 집을 때 국물이 젓가락에 스며들지 않도록 금속으로 주로 만든다.

중국의 젓가락이 긴 까닭은 식탁 가운데에 음식을 놓고 덜어 먹는 음식을 멀리 있는 음식을 집어서 먹기 때문이다. 그리고 중국 음식은 대부분 기름지고 뜨거운 편이어서 열이 전달되지 않는 나무로 젓가락을 만들어 사용했다. 중국 젓가락의 특징은 끝부분이 뭉툭해서 음식이 잘 미끄러지지 않게 사용할 수 있다.

섬나라인 일본은 생선과 해산물을 많이 먹기 때문에 생선의 가시나 해산물의 껍질 등을 잘 발라내기 위해 젓가락이 짧고 뾰족한 편이다. 일본도 중국처럼 나무로 된 젓가락을 주로 사용한다.

▲ 한국

▲ 중국

▲ 일본

확인 이 내용이 담긴 디지털 매체는 [블] [로] [그] 이다.

---

3 주차

▲ 호제는 블로그에서 어떤 주제의 글을 읽었는지 O표를 하세요.

각 나라의 식사 예절 □

한국, 중국, 일본의 젓가락 문화 ○

해설 호제는 한국, 중국, 일본의 젓가락 문화를 다룬 글을 읽었습니다.

▲ 블로그의 내용으로 알맞은 것의 기호를 쓰세요. 답 ㉯, ㉲

㉮ 숟가락과 젓가락은 나라마다 모두 같다.
㉯ 중국의 젓가락은 길이 뭉툭하여 음식이 잘 미끄러지지 않는다.
㉰ 한국의 젓가락은 일본의 젓가락보다 짧고 중국의 젓가락보다는 길다.
㉲ 일본의 젓가락은 생선의 가시나 해산물의 껍질을 발라내기 위해 끝이 뾰족한 편이다.

해설 ㉮ 숟가락과 젓가락은 나라마다 서로 조금씩 다릅니다. ㉰ 한국의 젓가락은 일본의 젓가락보다 길고 중국의 젓가락보다 가늘어보다는 짧습니다.

활동 블로그를 읽고 새롭게 알게 된 내용을 정리해 보세요.

새롭게 알게 된 점
중국의 젓가락이 긴 까닭은 식탁 가운데에 있는 음식을 덜어 먹기 위해서라는 것을 새롭게 알게 되었다.

새롭게 알게 된 점
예 한국과 중국과 일본의 젓가락의 길이가 모두 다르다는 것을 처음 알게 된 것을 씁니다.

해설 한국, 중국, 일본의 젓가락이 어떻게 다른지 나와 있는 블로그 내용을 새롭게 알게 된 점으로 정리할 것입니다.

젓가락을 사용할 때의 예절을 알아보아요

한국에서 식사 중에 젓가락을 반찬 그릇 위에 걸쳐 걸쳐 놓는 행동은 다른 사람에게 실례가 되며, 중국에서 밥그릇을 받고 젓가락을 x자로 놓는 행동은 상대방에게 불쾌감을 줄 수 있다. 한편, 일본에서 젓가락으로 음식 위를 휘젓는 행동은 예의에 어긋난다.

똑똑백과사전

사전 소개 | 연표

반려 물고기
반려동물 중 하나로 정서적인 안정을 위해 키우는 물고기이다. 주로 금붕어, 열대어, 비단잉어 등과 같이 보면서 즐기기 위해 기르는 관상어를 많이 선택한다.

반려 물고기 고르기
종류에 따라 환경과 먹이 등이 다르기 때문에 물고기에 대해 잘 알고 골라야 잘 키울 수 있다.

어항 꾸미기
물고기가 살기 좋은 환경을 만들어 주어야 한다. 원래 살던 곳과 비슷하게 꾸며 주는 것이 좋다.
① 어항을 깨끗이 씻는다.
② 모래나 자갈을 어항의 바닥에 깔아 준다.
③ 수초를 넣고 기포 발생기, 온도계 등을 설치한다.
④ 2일 정도 뒤에 둔 수돗물을 어항에 넣는다.
⑤ 어항 속에 물고기를 넣고 키운다.

반려 물고기를 키울 때 주의할 점
먹이를 줄 때
정해진 시간에 물고기의 종류에 따라 알맞은 양을 준다. 먹이를 너무 많이 주게 되면 찌꺼기가 생겨 물이 더러워질 수 있으니 한꺼번에 다 먹을 양만 준다.

어항의 물을 갈아 줄 때
3~4일에 한 번씩 원래의 물과 새 물을 섞어 주어야 한다. 이때 새 물은 하루 정도 받아 놓은 수돗물을 사용해야 한다.

배설물이 생겼을 때
물을 갈아 줄 때 큰 스포이트로 바닥에 있는 배설물을 치우면 된다.

물고기가 알을 낳았을 때
어미 물고기가 알을 잡아먹을 수 있으므로 따로 두어야 한다.

물고기의 수명이 궁금해요
물고기의 수명은 종류에 따라 다른데, 특히 몸집에 따라 다르다. 몸집이 큰 물고기는 대체로 수명이 길고, 몸집이 작은 물고기는 수명이 짧다. 송사리, 밤어, 은어는 1년 정도, 정어리는 2~3년, 고등어와 연어는 5~6년, 대구와 방어는 10년 이상, 가오리는 25년 정도를 산다.

2회
과학

2 인터넷 백과사전을 읽고 인터넷 게시판에 댓글 쓰기

물고기를 키워요

반려동물이란 사람이 정서적으로 의지하려고 가까이 두고 기르는 동물인 개, 고양이, 새 등을 말해요. 인터넷 백과사전에서 반려 물고기 키우기에 대해 읽어보고 인터넷 게시판에 댓글을 써 보세요.

반려 물고기를 만나러 가요

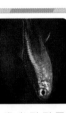

우리는 예쁜 가로 고를 거야.
나두, 나두.
얘는...
집에서 기르는 물고기를 고를 때는 무엇보다 예쁘지 않은 것을 고르는 것이 중요하다.

여러 가지 반려 물고기

구피
구피는 모양과 색깔이 아름답고 키우기가 어렵지 않아 인기가 많다. 구피를 키울 때는 물의 온도가 가장 중요하다.

코리도라스
코리도라스는 그리스 어로 '투구'와 '피부'가 합쳐진 말이다. 이름처럼 투구 같은 피부를 가지고 있다.

네온테트라
눈에서 꼬리까지 이름다운 파란 선이 있는 물고기이다. 튼튼하고 온순하여 기르기 쉽고 작은 물고기와 함께 키울 수도 있다.

활동 | 반려 물고기 키우기에 대한 정보를 찾아 읽을 수 있는 매체는 인터넷 [백][과][사][전] 이다.

정답과 해설 38쪽

활동 1 반려 물고기를 기를 때 주의할 점을 정리해 보세요.

먹이를 줄 때
예 • 정해진 시간에 준다.
• 물고기의 종류에 따라 입맛은 다를 준다.
• 한꺼번에 더 먹을 양만 준다.

어항의 물을 갈아 줄 때
• 3~4일에 한 번씩 갈아 준다.
• 원래의 물과 새 물을 섞어 주어야 한다.
• 새 물은 하루 정도 받아 놓은 수돗물이어야 한다.

배설물이 생겼을 때
• 물을 갈아 줄 때 치운다.
• 큰 스포이트를 이용한다.

물고기나 알을 낳았을 때
예 • 따로 분리한다.

해설 반려 물고기를 기를 때는 먹이를 줄 때, 어항의 물을 갈아 줄 때, 배설물이 생겼을 때, 물고기가 알을 낳았을 때 주의할 점을 알아두면 좋습니다.

활동 2 정리한 것을 바탕으로 인터넷 Q&A 게시판에 올려진 질문에 답글을 써 보세요.

똑똑In

Q 반려 물고기로 구피를 처음 사서 걱정이 되어요. 물은 어떻게 갈아 주면 되나요? 독물까 봐 겁이 나요.

물어보기
[1:1]
...

A 예 걱정하지 마세요. 구피는 기르기에 어렵지 않은 물고기예요. 물은 너무 자주 갈아 주면 안 되고요. 일주일에 한 번씩 갈아 주어도 돼요. 중요한 것은 원래의 물과 새 물을 섞어 주어야 한다는 것이에요. 이때 새 물은 하루 전에 미리 수돗물을 받아 놓았다가 사용해야 해요. 꼭 기억하시고, 잘 키우세요. 예쁘게 잘 자란답니다.

해설 어항의 물을 갈아 줄 때는 3~4일에 한 번씩, 원래의 물과 새 물을 섞어서, 새 물은 하루 정도 받아 놓은 수돗물이어야 함을 답글로 써야 합니다.

▲ 인터넷 백과사전에 무엇에 대한 정보가 나와 있는지 알맞은 것에 ○표를 하세요.

반려 강아지 / 반려 물고기 / 반려 고양이

해설 인터넷 백과사전에 반려 물고기에 대한 정보가 나와 있습니다.

▲ 반려 물고기 중 키우기가 어렵지 않아 인기가 많은 것은 무엇인지 이름을 쓰세요. 답 구피

구피 코리도라스 네온테트라

해설 반려 물고기 중 키우기가 어렵지 않아 인기가 많은 것은 구피입니다.

▲ 어항 꾸미기의 순서대로 번호를 쓰세요.

어항을 깨끗이 씻는다.	1
모래나 자갈을 바닥에 깔아 준다.	2
어항 속에 물고기를 넣고 사료를 준다.	5
2일 정도 받아 둔 수돗물을 어항에 넣는다.	4
수초를 넣고 여과기, 온도계 등을 설치한다.	3

해설 어항을 꾸밀 때는 먼저 어항을 깨끗이 씻습니다. 그리고 모래나 자갈을 깔고 수초, 여과기, 온도계 등을 설치한 다음 2일을 받고 물고기를 넣는 것이 좋습니다.

3회 사회

1 온라인 대화를 읽고 알리는 글 쓰기

어린이날 행사 준비하기

푸른 꿈 마을 주민센터에서는 어린이날 행사 준비를 위해 온라인 대화방에 마을 활동가와 초등학교 대표 학생을 초대하여 행사와 관련된 만을 회의를 열었어요. 회의 내용을 살펴보고 어린이날 행사를 알리는 글을 써 보세요.

< 어린이날 행사 준비 이야기방 3

마을 활동가 박현수
안녕하세요? 이 이야기방에서 푸른 꿈 마을의 어린이날 행사를 준비하기 위해 여러분을 모시게 되었습니다. 서로 인사하시고 어떤 행사를 하면 좋을지 자유롭게 의견을 말해 주셨으면 합니다. 특별히 올해에는 푸른 꿈 초등학교의 학생 대표로 3학년 김민준 학생이 참여해서 의견을 주기로 했습니다.
오후 4:00

푸른 꿈 초등학교 김민준
안녕하세요? 반갑습니다. 올해 행사를 크게 한다고 해서 기대하고 있습니다.
오후 4:12

푸른 꿈 초등학교 김민준
안녕하세요? 푸른 꿈 초등학교 대표로 참여한 김민준입니다.
오후 4:13

마을 활동가 박현수
어린이날 기념행사인 만큼 어린이들이 좋아할 만한 행사들로 구성하면 좋을 것 같습니다.
오후 4:16

푸른 꿈 초등학교 김민준
페이스 페인팅 행사나 포토존에서 폴라로이드 카메라로 사진 찍기가 있으면 좋겠어요. 친구들이 좋아하는 것들이라 행사장 분위기가 활기찰 것 같아요.
오후 4:16

마을 활동가 박현수
다양한 만들기 체험 공간은 어떤 걸 열까요?
오후 4:17

< 어린이날 행사 준비 이야기방 3

푸른 꿈 초등학교 김민준
맞아요! 직접 만들고, 꾸미면서 즐겁게 보낼 수 있을 것 같아요.
오후 4:18

푸른 꿈 초등학교 김민준
만들기 체험 공간에서는 어떤 활동들을 하면 좋을지 추천해 주세요 ^^
오후 4:20

푸른 꿈 초등학교 김민준
탱탱볼 만들기 공간은 어떨까요? 탱탱볼을 만들면서 과학 원리도 배울 수 있어서 좋을 것 같아요.
오후 4:23

마을 활동가 박현수
어린이들이 좋아하는 케이크나 쿠키 꾸미기를 해도 좋을 것 같습니다.
오후 4:24

마을 활동가 박현수
추천해 주신 활동들을 진행할 수 있도록 준비하겠습니다. 그 외에 추천해 주실 만한 활동들이 있으면 이번 주까지 언제든지 의견 주세요. 감사합니다.
오후 4:25

활동 이 내용이 담긴 디지털 매체는 온라인 대화이다.

3주차

온라인 대화 내용으로 알맞은 것에 ○표를 하세요.

(어린이날) 공부철) 행사를 준비하기 위해 나누는 온라인 대화이다.

해설 어린이날 행사를 준비하기 위해 나누는 온라인 대화입니다.

▲

어린이날 행사에서 진행할 행사 내용으로 알맞은 것의 기호를 모두 쓰세요. ㉯, ㉰

㉮ 동요 부르기 대회 열기
㉯ 다양한 만들기 체험 공간 운영하기
㉰ 포토존을 만들어 폴라로이드 카메라로 사진 찍기

해설 어린이날 행사에서는 페이스 페인팅이나 포토존을 만들어 폴라로이드 카메라로 사진 찍기, 다양한 만들기 체험 공간 운영하기 등을 진행하기로 되어있습니다.

▲

어린이날 행사에서 진행할 행사 내용으로 알맞은 것이 기호를 모두 쓰세요. ㉯, ㉰

제시된 글을 참고하여 어린이날 행사를 알리는 글을 써 보세요.

푸른 꿈 한마음 축제
어린이날을 맞아 우리 마을에서는 여러 가지 행사를 준비하였습니다. 어린이들이 가족과 함께 즐거운 시간을 보낼 수 있도록 많은 참여 부탁드립니다.
일시: 20○○년 5월 5일 10:00~15:00
장소: 푸른 꿈 마을 주민센터 앞마당

예

푸른 꿈 한마음 축제
어린이날을 맞아 여러 가지 행사를 준비했어요.
많은 참여 바랍니다.
- 페이스 페인팅
- 포토존에서 폴라로이드 사진 찍기
- 만들기 체험: 탱탱볼 만들기
  케이크나 쿠키 꾸미기 등
일시: 20○○년 5월 5일 10:00~15:00
장소: 푸른 꿈 마을 주민센터 앞마당

활동 제시된 글을 참고하여 어린이날 행사를 알리는 글을 써 보세요.

행사를 알리는 글을 쓸 때
- 축제의 제목, 시간, 장소, 주최자는 누락 없이 쓰였으므로, 어떤 행사를 하는지 간단한 인사말과 함께 씁니다.

행사를 알리는 글을 쓸 때
- 행사의 특징이 잘 드러나도록 제목을 붙인다.
- 행사를 하는 때와 장소를 정확하게 쓴다.
- 행사의 내용이 잘 드러나도록 간단하게 정리하여 쓴다.
- 행사를 누가 진행하는지 밝혀 쓴다.

3회 생활

2 인터넷 게시판을 읽고 댓글 쓰기

놀이터 이름을 지어 주세요

행복 마을의 낡은 놀이터가 얼마 전에 새롭게 단장을 했어요. 그래서 놀이터 이름을 새로 짓는다는 내용의 공지사항이 인터넷 게시판에 올라왔어요. 놀이터 소개가 담긴 인터넷 게시판 내용을 읽고 놀이터 이름을 생각하여 댓글로 써 보세요.

공지사항

🏠 행복 마을 > 참여 소통 > 열린 게시판 > 공지사항

행복 마을의 놀이터 이름을 지어 주세요

작성자: 관리자 | 작성일: 2000-09-09 10:40 | 댓글 3 | 조회수 79

안녕하세요. 행복 마을 주민센터입니다.

행복 마을 놀이터가 너무 낡아서 이번에 놀이터를 새롭게 만들었습니다.

여러 주민들이 놀이터를 새롭게 만드는 데 도움을 주셨기에 놀이터 이름도 주민 여러분의 생각을 담아 짓기로 하였습니다.

새로 만든 놀이터에는 용이 그려진 커다란 미끄럼틀이 있으며, 유니콘 모양의 흔들의자가 있습니다. 이 흔들의자의 유니콘 뿔을 누르면 신나는 노래가 나옵니다. 놀이터 입구에는 요즘 가장 인기 있는 트램펄린이 있습니다. 이 트램펄린은 해태 모양으로 바닥에 있어서 뛰다가 뛰어도 새 트램펄린이 되어 있습니다. 그리고 마지막으로 봉황 그네를 소개하겠습니다. 그넷줄은 특수 제작하여 살짝 앉아도 멀리 나가게 만들어졌습니다. 그래서다 튼튼한 안전벨트가 있어서 안전합니다.

행복 마을 주민 여러분이 자주 이용할 곳이니 직접 놀이터 이름을 주시기 바랍니다.

10월 12일까지 댓글 창에 남겨 주시면 됩니다.

공감 5 | 댓글 3 |

확인 이 내용이 담긴 디지털 매체는 인터넷 **게** **시** **판** 이다.

▲ 놀이터에 있는 것을 모두 찾아 ○표를 하요.

흔들의자 | 정글짐 | 트램펄린

해설 새로 생긴 놀이터에 정글짐은 없습니다.

▲ 놀이터에 있는 놀이기구들의 특징은 무엇인지 기호를 쓰세요. 예 ㉮

㉮ 이 세상에는 없는 상상의 동물 모습이다.
㉯ 전기를 사용하여 움직이는 기구들로 구성되었다.
㉰ 철제품을 쓰지 않고 나무로만 만들었다.

해설 용, 봉황, 해태, 유니콘이 상상의 동물들입니다.

활동 인터넷 게시판을 다시 읽고 놀이터 이름을 댓글로 써 보세요.

💬 댓글

ㄴ 김민정 놀이터 이름을 상상 놀이터로 정해 주세요. 상상할 수 있는 공간이 될 것 같습니다.
ㄴ 하연수 이번에 새로 만든 놀이터 이름을 새 놀이터라고 했으면 좋겠어요. 전에는 너무 낡아서 싫었어요.

댓글 달기 | 예 저는 놀이터 이름을 판타지아스 월드라고 짓고 싶어요. 우리가 상상의 세계에서만 볼 수 있는 동물 친구들이 모여 있기 때문이에요.

1000자 이내

등록

해설 놀이터에 있는 놀이기구들의 특징을 떠올려 보고 이름을 재미있게 지어 봅니다.

인터넷 게시판이 무에요?

· 게시판이란 여러 사람에게 알릴 내용을 내붙이거나 내걸어 두루 보게 하는 판을 뜻한다.
· 인터넷 게시판이란 인터넷상에서 여러 사람에게 알리는 글을 붙일 수 있도록 하거나 자신의 글을 올릴 수도 있는 공간을 말한다.

4회
과학

1 온라인 대화와 인터넷 백과사전을 읽고 SNS에 글 쓰기

멸종 위기 동물을 보호하자

멸종 위기 동물에 대해 알고 있나요? 멸종 위기란 생물의 한 종류가 아주 없어질 위험한 때를 말해요. 인터넷 백과사전을 읽고 SNS에 올릴 멸종 위기 동물을 알리는 글을 써 보세요.

〈 우리 반 친구들방 4

동물박사 서연이
이 사진 봐봐, 정말 귀엽지!? 오후 4:32

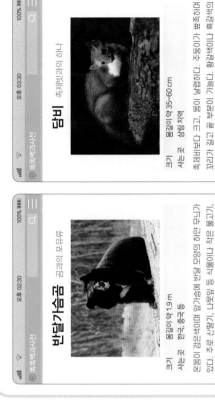

팔코주 지예
진짜 귀엽다. 하늘다람쥐지!? 오후 4:35

동물박사 서연이
응. 눈이 동그랗고 꼬리털이 북슬북슬해. 하늘을 날 때 내 발을 쫙쫙 펼치고 난다고 하는데 한번 보고 싶다. 오후 4:36

동물박사 서연이
신에 기도 자주 볼 수 없는 것 같아. 오후 4:39

팔코주 지예
하늘다람쥐는 주로 밤에 움직이기도 하 지만 멸종 위기 동물이라서 그래. 오후 4:45

팔코주 지예
멸종 위기 동물? 오후 4:47

동물박사 서연이
응. 멸종 위기 동물은 지구에서 점점 사라 지고 있는 동물을 말해. 하늘다람쥐도 멸 종 위기 동물이야. 오후 4:54

〈 우리 반 친구들방 4

동물박사 서연이
하늘다람쥐가 사라져 가고 있다니…… 오후 4:56

염집 사는 종민이
하늘다람쥐를 앞으로도 계속 보려면 어떻게 해야 하지? 오후 5:02

동물박사 서연이
글쎄. 동물에게 항상 관심을 가져야겠지? 또 동물들이 쉴 수 있는 자연을 망가뜨리 지 않고 잘 보호해야 하고. 오후 5:05

염집 사는 종민이
서연이 넌 정말 동물에 대해 잘 아는구 나. 동물사전이라더니 진짜네. 오후 5:08

동물박사 서연이
동물 찾아 보는 게 난 재미있거든. 어쨌든 이렇게 귀여운 하늘다람쥐가 사라지는 건 너무 슬픈 일이야. 오후 5:09

팔코주 지예
나도 인터넷 백과사전에서 멸종 위기 동 물이 어떤 동물들이 있는지 찾아봐야겠 다. 오후 5:10

확인 이 내용이 담긴 디지털 매체는 온라인 대화방과 [인][터][넷] [백][과][사][전] 이다.

3
주차

독독백과사전 오후 03:30 100%

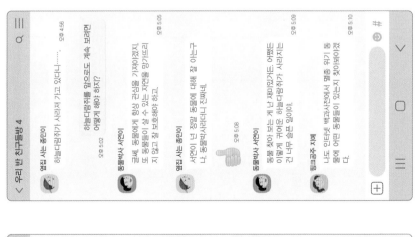

담비 족제빗과의 하나
크기 몸길이 35~60 cm
사는 곳 산림 지역

족제비보다 크고, 몸이 날씬하다. 주둥이가 뾰족하며 꼬리가 길고 몸의 부분이 가늘다. 황갈색이나 흑갈색의 털이 부드럽고 광택이 있다. 숲이나 계곡에서 작은 동물이나 나무 열매를 먹는다.

스라소니 고양잇과의 포유류
크기 몸길이 약 90 cm
사는 곳 한국, 유럽, 중국 등

귀가 삼각형 모양이고, 털이 부드러우며 연회갈색, 회갈색 등에 짙은 반점이 있다. 나무를 잘 타고 달리는 속도가 빠르다. 밤에 주로 활동하며 토끼, 사슴 등의 동물을 잡아먹는다.

독독백과사전 오후 02:30 100%

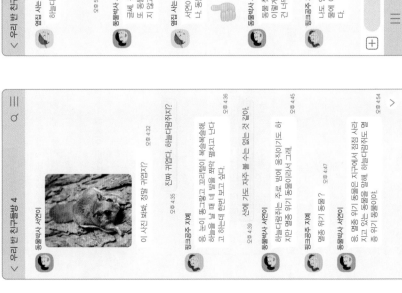

반달가슴곰 곰과의 포유류
크기 몸길이 약 1.9 m
사는 곳 한국, 중국 등

온몸이 검은색이며 앞가슴에 반달 모양의 하얀 무늬가 있다. 주로 식물, 나무의 등 식물이나 작은 물고기, 가재 등을 먹는다. 겨울에는 바위굴이나 나무 구멍에 들어가 겨울잠을 잔다.

장수하늘소 하늘솟과의 곤충
크기 몸길이 약 10 cm
사는 곳 한국, 중국 등

하늘소 중에서 몸집이 가장 큰 종류이다. 머리는 검고, 날개는 밝은 갈색이며 수 컷은 근육이 발달했다. 몸집이 커서 날다가 나뭇가지에 부딪히는 경우가 많고, 날면서 날개를 움직일 때 날개 부딪치는 소리가 난다.

요즘에는 멸종 위기 동물을 보호하기 위한 노력을 많이 한다. 하지만 이미 멸종한 동물도 있다. 바로 아프리카에 살았던 도도새이다. 도도새가 살던 지역에는 도도새를 위협하는 동물이 없어서 날개가 점점 작아졌고, 결국 날지 못하게 되었다. 그 뒤 인간에 의해 도도새는 점점 사라지고 결국 멸종되었다.

멸종된 동물, 도도새가 궁금해요

3 주차

정답과 해설 42쪽

활동1 인터넷 백과사전에서 읽은 내용 중 친구들에게 알리고 싶은 멸종 위기 동물을 정하고, 알리고 싶은 내용을 정리해 보세요.

이름	예) 장수하늘소
생김새	예) • 머리가 검다. • 날개가 붉은 갈색이다. • 수컷은 큰턱이 발달했다.
특징	예) • 하늘소 중에서 몸집이 가장 크다. • 몸집이 커서 날다가 나뭇가지에 부딪히는 경우가 많다. • 날면서 날개를 움직일 때 날개 부딪치는 소리가 난다.

해설 인터넷 백과사전에서 제시된 멸종 위기 동물 중에서 하나를 골라 내용을 간단히 정리해 봅니다.

활동2 멸종 위기 동물을 알리는 글을 SNS에 올리려고 합니다. 제시된 SNS를 참고하여 앞에서 정리한 내용을 바탕으로 글을 써 보세요.

a.bl.eee
258 Likes
a.bl.eee #멸종위기동물 #담비
담비
- 털이 부드러워요.
- 밤에 활동하며 나무열매나 작은 동물을 먹어요.

멸종 위기 동물을 보호해요!

a.bl.eee
258 Likes
예) a.bl.eee #멸종위기동물 #장수하늘소
장수하늘소
- 몸집이 커요.
- 날아다닐 때 날개가 부딪치는 소리가 나요.

해설 장수하늘소는 몸집이 크고 날아다닐 때 큰 날개가 부딪치는 소리가 나는 특징이 있습니다.

▲ 지예가 인터넷 백과사전에서 찾아본 멸종 위기 동물에 모두 ○표를 하세요.

보기 | 담비 | 사슴벌레 | 스라소니 |

해설 지예가 찾아본 인터넷 백과사전에는 멸종 위기 동물인 반달가슴곰, 담비, 장수하늘소, 스라소니에 대한 내용이 있습니다.

▲ 반달가슴곰에 대한 설명으로 알맞은 것의 기호를 쓰세요. 답 ㉰

㉮ 족제비보다 크고, 주둥이가 뾰족하다.
㉯ 온몸이 연적갈색, 회갈색이며 검은 반점이 있다.
㉰ 겨울에는 바위굴이나 나무 구멍에서 겨울잠을 잔다.
㉱ 수컷은 큰턱이 발달했고 날개를 움직일 때 소리가 난다.

해설 바위굴이나 나무 구멍에서 겨울잠을 잔다는 내용은 반달가슴곰에 대한 설명입니다. ㉮는 담비, ㉯는 스라소니, ㉱는 장수하늘소에 대한 설명입니다.

▲ 다음 설명에 알맞은 동물의 이름을 쓰세요. 답 스라소니

• 나무를 잘 타고 달리는 속도가 빠르다.
• 귀가 삼각형 모양이고, 등에 검은 반점이 있다.
• 몸길이가 약 90 cm의 동물로 한국, 유럽, 중국 등에 산다.

해설 스라소니에 대한 설명입니다.

반달가슴곰   장수하늘소   스라소니

정답과 해설 43쪽

3 주차

백과사전의 내용으로 알맞은 것의 기호를 쓰세요. [답] ⑭

㉮ 옹기는 중국에서 전해진 그릇이다.
㉯ 옹기에는 미세한 구멍이 있어서 공기가 통한다.
㉰ 옹기는 음식의 발효를 돕지만 오래 보관하기는 어렵다.

해설 옹기 구울 때 미세한 공기 구멍이 만들어져 옹기의 안과 밖으로 공기가 통하게 해 음식의 발효를 돕습니다. 또 옹기에 음식을 썩지 않게 하는 물질이 있어서 음식을 오랫동안 보관할 수 있습니다.

▲

우리 조상들이 옹기의 공기 구멍이 막히지 않게 한 행동으로 알맞은 것에 ○표를 하세요.

( ) ( ) ( )

해설 우리 조상들은 옹기 표면을 자주 닦아서 공기가 구멍에 막히지 않게 했습니다.

▲

활동 옹기 축제 SNS '옹기를 알려주마' 코너에 광고를 올리려고 합니다. 제시된 광고를 참고하여 광고를 완성해 보세요.

나는
숨 쉬는
그릇이야.

나에겐
숨구멍이 많아서
공기가 쉽게 드나들어.

그래서
음식의 발효를
도와주지.

나는
[예] 자연 방부제야.

나에겐
[예] 음식을 썩지 않게
하는 물질이 있어.

그래서
[예] 오랫동안 음식을
보관할 수 있어.

해설 옹기의 특징이 드러나게 씁니다.

왜 물은 옹기의 구멍을 통과하지 못할까?

옹기의 미세한 구멍 사이로 공기로 공기만 통과하는 까닭은 바로 이 구멍의 크기 때문이다. 옹기에 뚫린 구멍은 물의 입자보다 훨씬 작기 때문에 입자가 매우 작은 공기만 통과하고, 입자가 큰 물은 통과하지 못한다.

4회 문화

2 인터넷 백과사전을 읽고 SNS에 올릴 광고 만들기

숨 쉬는 그릇, 옹기

민준이네 고장에서는 매년 옹기 축제가 열려요. 민준이는 축제 이벤트에 참여하기 위해 인터넷 백과사전에서 옹기에 대해 조사하고, 옹기 축제 SNS '옹기를 알려주마' 코너에 올릴 광고를 만들기로 했어요.

독독백과사전
오후 02:30
100%

숨 쉬는 그릇, 옹기

요약
옛날부터 사용해 온 우리의 그릇으로, 흙을 빚어 구운 항아리.

옹기는 어떤 그릇인가요?
옹기는 우리 조상들이 아주 오래전부터 만들어 쓴 것으로 짐작되는 그릇입니다. 우리 조상들은 김치나 간장, 된장, 고추장 같은 장류를 옹기에 담아 보관했습니다. 술을 발효시키거나 한약을 달일 때, 곡물 씨를 보관할 때, 된장찌개를 끓일 때도 옹기를 사용했습니다.

독독백과사전
오후 02:30
100%

옹기가 숨을 쉰다고요?
옹기에는 어떤 특징이 있기에 오랫동안 널리 쓰였을까요? 옹기를 만드는 흙에는 수많은 모래 알갱이가 들어 있습니다. 그래서 높은 온도의 가마에서 옹기를 구울 때 그 표면에 미세한 공기 구멍이 만들어집니다. 이 구멍 때문에 옹기의 안과 밖으로 공기가 통해 담긴 음식이 잘 발효됩니다. 그래서 김치나 간장, 된장, 고추장 같은 발효 식품을 보관하는 그릇으로 오랫동안 사용되어 온 것입니다. 먼지나 때가 옹기의 구멍을 막으면 옹기가 숨을 쉴 수 없기 때문에 우리 조상들은 옹기가 숨을 쉴 수 있도록 늘 옹기를 깨끗이 닦았습니다.

옹기에 음식을 담아 두면 잘 썩지 않는다고요?
옹기를 만들 때 바르는 잿물*이나 가마 안에 넣고 구울 때 나무가 타면서 생기는 재가 옹기의 안과 밖을 항균으로써 썩지 않게 하는 물질이 되고, 또 그래서 옹기 안에 담긴 음식이 잘 썩지 않습니다. 그래서 옹기 안에 쌀이나 벌레, 세균 등을 넣어 두면 다음 해까지 썩지 않고 그대로 있습니다.

*잿물: 짚이나 나무를 태운 재를 우려낸 물.

확인 이 내용이 담긴 디지털 매체는 인터넷 [백] [과] [사] [전] 이다.

5회 과학

1 온라인 대화를 읽고 이모티콘 만들기

강아지나 고양이도 혈액형이 있대요

선생님께서 이야기방에 아롱이 소식을 전해 주셨어요. 아롱이는 학교에서 기르는 두 살배기 암컷 강아지인데 새끼를 낳기 직전이었거든요. 아롱이의 출산을 축하하는 이모티콘을 만들어 보세요.

〈 3학년 7반 단체 이야기방 25

3-7 선생님: 애들아, 기쁜 소식이 있어서 선생님이 이야기방을 열었어. 드디어 아롱이가 새끼를 낳았단다. 오후 5:00

김○나: 우와~♡ 오후 5:07

하채린: 🐝 오후 5:10

김민준: 선생님 몇 마리 낳았어요? 오후 5:11

3-7 선생님: 여섯 마리 낳았는데 모두 건강해! 오후 5:12

이지호: 아롱이는 괜찮나요? 오후 5:13

3-7 선생님: 아롱이는 아직 마취에서 깨어나지 못했어. 첫 출산이라 그런지 새끼가 밖으로 잘 나오지 않아서 수술을 했거든. 오후 5:13

고지현: 정말요? 😢 오후 5:17

박서빈: 어떡해요. 오후 5:17

3-7 선생님: 수술할 때 피를 많이 흘려서 수혈을 받았단다. 오후 5:18

고지현: 강아지도 수혈을 받아요? 5:18

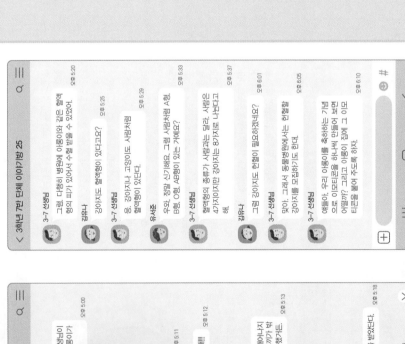

〈 3학년 7반 단체 이야기방 25

3-7 선생님: 그럼 다행히 병원에 아롱이와 같은 혈액형의 피가 있어서 수혈을 받을 수 있었어. 오후 5:20

김○나: 강아지도 혈액형이 있다고요? 오후 5:25

3-7 선생님: 응 강아지나 고양이도 사람처럼 혈액형이 있단다. 오후 5:29

유서연: 우와, 정말 신기해요. 그럼 사람처럼 A형, B형, O형, AB형이 있는 거예요? 오후 5:33

3-7 선생님: 혈액형의 종류가 사람과는 달라. 사람은 4가지이지만 강아지는 8가지로 나뉜다고 해. 오후 5:37

김○나: 그럼 강아지도 헌혈이 필요하겠네요? 오후 6:01

3-7 선생님: 맞아. 그래서 동물병원에서는 헌혈할 강아지를 모집하기도 한다. 오후 6:05

3-7 선생님: 애들아, 우리 아롱이를 축하하는 기념으로 이모티콘을 하나씩 만들어 보면 어떨까? 그리고 아롱이 집에 그 이모티콘을 붙여 주도록 하자. 오후 6:10

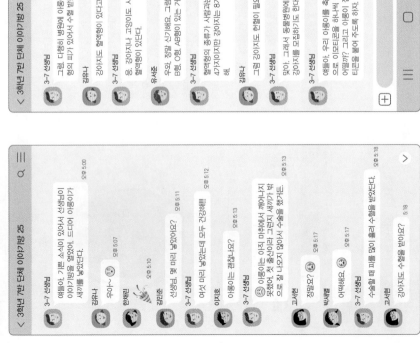

활동 이 내용이 담긴 디지털 매체는 [온][라][인] [대][화] [방] [이][다].

정답과 해설 44쪽

3주 3

▲ 온라인 대화 내용으로 알맞은 것에 ○표를 하세요.

3학년 7반 친구들이 서로 자기소개를 하고 있다. [ ]

3학년 7반 담임 선생님이 학교에서 기르는 강아지인 아롱이의 출산 소식을 전하고 있다. [○]

해설 3학년 7반 담임 선생님께서 아롱이의 출산 소식을 전하고 있습니다.

▲ 온라인 대화에서 새롭게 안 내용으로 알맞은 것이 아닌 것의 기호를 모두 쓰세요. [답 ㉯, ㉰, ㉳]

㉮ 강아지의 혈액형은 네 가지이다.
㉯ 강아지나 고양이도 혈액형이 있다.
㉰ 강아지나 고양이도 혈액형이 있다.
㉱ 강아지나 고양이도 수술을 해서 새끼를 낳기도 한다.
㉲ 강아지나 고양이도 헌혈을 하거나 수혈을 받기도 한다.

해설 강아지나 고양이의 혈액형은 여덟 가지나 된다고 합니다.

활동 제시된 이모티콘을 참고하여 나만의 축하 이모티콘을 만들어 보세요.

해설 축하의 의미가 이모티콘에 담겨야 합니다.

개가 여행할 때 조건이 있나요?

· 몸무게가 25kg 이상이어야 한다.
· 2살~8살이어야 하며, 예방접종을 마쳐야 한다.
· 온순해야 한다.
· 피를 뽑은 지 6주가 지나야 한다.

5회 생활

2 인터넷 게시판을 읽고 댓글 쓰기

진정한 친구가 되려면

지우는 방학 때 권장 도서 중 한 권인 《카피우유와 소보로빵》을 읽고 인터넷 독서 후기를 쓰려고 합니다. 제가 읽은 《카피우유와 소보로빵》의 글을 읽고 자신의 감정 깊게 읽기 게시판에 독서 감상문을 썼어요. 인터넷 게시판의 글을 읽고 자신의 감정이나 느낌에 대한 생각이나 느낌을 댓글로 써 보세요.

독서 후기 《카피우유와 소보로빵》 독서 감상문

'차이'를 인정하면 '차별' 없는 세상이 될 거예요

작성자: 최고지우 | 작성일: 20○○. 09. 09. 10:40 | 댓글 3 | 조회수 79

이 책은 저자인 카를린 펠름스는 해외 입양아, 노숙자, 장애인, 외국인 노동자 등 사회적 약자의 이야기를 주로 쓰는 작가라고 합니다. 제가 읽은 《카피우유와 소보로빵》도 사회적 약자인 유색 인종에 대한 차별을 소재로 쓴 책입니다.

검은색의 피부를 가진 쌍의 별명은 카피우유이고, 옆교에 주근깨가 많은 보리스의 별명은 소보로빵입니다. 쌍은 독일 에센에서 살다가 부모님을 따라 전학을 왔습니다. 이것이 인종 차별이었습니다. 쌍은 학교에서 보리스를 포함한 여러 학생에게 놀림을 받습니다. 그리고 쌍의 가족은 피부색이 다르다는 이유만으로 화염병 테러를 당합니다. 당시 독일 사람들은 자신의 일자리가 없어지는 것이 외국인 노동자 때문이라고 생각하였고 그 불만을 피부색이 다른 사람들에게 동유으로 표현했습니다. 그래서 그 피해를 쌍의 가족이 받아야 했던 거죠. 쌍과 보리스는 서로의 생각이 되어지는 강등을 주다가 경연 대회에서 음악을 연주하는 것을 계기로 서로의 진정한 친구가 됩니다.

이 책의 결말은 좋게 끝났지만 전 책을 읽는 동안 마음이 불편했습니다. 이유가 아무도 피부색이 다르다는 이유 만으로 차별하는 것은 잘못되었다고 생각하기 때문입니다. 우리는 인간답게 살 권리를 가지고 태어났다고 부모님께서 항상 말씀하셨습니다. 피부색이 상관없이 그냥 독같은 사람일 뿐입니다. 우리 주변에 만약 작응하지 못하는 다문화 친구를 만나게 되면 따뜻한 마음으로 다가갔으면 좋겠습니다. 멋진 친구가 되어 봅시다!

댓글 3   공감순 ∨

ㄴ 정의샤도 최고지우님 제목이 너무 좋아요. '차이'를 인정하는 세상이 되면 결국 '차별'이라는 말도 사라질 거라고 믿어요. [공감]

ㄴ 크레페스 최고지우의 부모님은 훌륭하신 분이네요. 그런 멋진 생각을 가진 어른들이 많고 그 가르침을 아이들에게 잘 전한다면 아름다운 세상이 되리라 믿어요. [공감]

ㄴ 운동천재 쌍과 보리스가 서로의 갈등을 풀어나가면 다른 것에 대한 편견을 걷어 내는 과정이 너무 동미진진했어요. 둘은 서로를 인정하며 받아들이는 진정한 친구가 되었죠. [공감]

 확인 이 내용이 담긴 디지털 매체는 [인][터][넷][게][시][판]이다.

▲ 카피우유와 소보로빵은 무엇을 나타낸 것인지 알맞은 것에 ○표를 하세요.

- (주인공들의 별명)
- 등장인물들이 많이 먹는 음식
- 서로 어울리지 않는 음식

해설 피부색이 검은 쌍의 별명은 카피우유이고, 주근깨가 많은 보리스의 별명은 소보로빵입니다.

▲ 지우의 독서 후기에 쓴 댓글들의 특징으로 알맞지 않은 것의 기호를 쓰세요. **답 ㉯**

㉮ 지우의 생각에 공감하면서 자신의 생각을 나타냈다.
㉯ 지우의 생각을 논리적으로 반박하면서 자신의 생각을 썼다.
㉰ 책 내용에서 감상 받은 부분에 대한 자신의 생각을 썼다.

해설 ㉮는 정의샤도와 크레페스의 댓글, ㉰는 운동천재의 댓글이 특징입니다.

활동 인터넷 게시판의 글을 읽고 자신의 생각이나 느낌을 댓글로 써 보세요.

↰ 댓글
[댓글 달기]

예) 이 책을 읽어 본 적은 없지만 독서 후기를 보고 《카피우유와 소보로빵》을 읽어 보고 싶다는 생각이 드네요. 그리고 저 또한 저와 다른 친구에게 상처 주는 말이나 행동을 한 적은 없었는지, 친구의 겉모습만 보고 판단한 적은 없었는지 생각하게 되었어요.

1000자 이내   등록

해설 지우의 생각, 책 내용 등에 대한 생각이나 느낌을 씁니다.

인터넷 독서 후기가 뭐예요?

- 인터넷 독서 후기는 책을 읽고 생각이나 느낌을 게시판에 쓴 글을 말한다.
- 책을 읽게 된 동기, 책의 내용, 책을 읽고 난 뒤 생각하고 느낀 것 등을 자유롭게 표현하여 쓰는 것으로 독서 감상문과 비슷하다.
- 게시판에 글을 올려 같은 글을 읽은 다른 독자들과 바로 소통할 수 있다.

확인 문제 »

1. 다음과 같은 매체를 무엇이라고 하나요? (①)

① 웹툰
② 블로그
③ 인터넷 뉴스
④ 인터넷 게시판
⑤ 인터넷 백과사전

[해설] 이와 같은 매체는 웹툰으로 인터넷을 통해 연재되는 만화를 말합니다.

2. 다음과 같은 매체의 특징으로 알맞지 않게 말한 친구의 이름을 쓰세요.

유나: 읽던 내용을 여러 사람과 함께 볼 수 있으며, 댓글을 남기거나 '좋아요'를 누를 수 있어.
민형: 개인적으로 관심 있는 내용이나 사진이나 그림, 동영상과 함께 올릴 수 있어.
예지: 과학, 역사, 예술, 문화 등 여러 종류의 지식과 정보를 얻을 수 있어.

(예지)

[해설] 과학, 역사, 예술, 문화 등 여러 종류의 지식과 정보를 얻을 수 있는 것은 인터넷 백과사전의 특징입니다.

3. 다음 매체를 읽고 정리한 것입니다. 빈칸에 들어갈 알맞은 말에 ○표를 하세요.

나라마다 다른 젓가락 문화

- 이 매체는 (블로그 , 인터넷 게시판)이다.
- 이 매체를 쓴 사람의 이름은 하민주이다.
- 이 매체를 읽으면 나라마다 (젓가락 , 순가락)이 다르다는 것을 알 수 있게 된다.

[해설] 이 매체는 블로그입니다. 이 매체를 읽으면 나라마다 젓가락이 저마다 다르다는 것을 알 수 있게 됩니다.

확인 문제 »

정답과 해설 46쪽

4. 다음 빈칸에 들어갈 알맞은 말은 무엇인가요? (⑤)

① 웹툰 ② 블로그
③ 인터넷 뉴스 ④ 인터넷 백과사전
⑤ 인터넷 게시판

왼쪽의 매체는 과학, 역사, 예술, 문화 등 여러 종류의 지식과 정보를 얻을 수 있는 매체로 ( )(이)라고 한다.

5. 다음에 대한 설명으로 알맞지 않은 것의 기호를 쓰세요. [답 ⑦]

⑦ 대화를 하고 있는 사람은 모두 6명이다.
⑭ 이 매체는 사진이나 동영상도 같이 볼 수 있다.
⑮ 사라져 가고 있는 하늘다람쥐에 대해 이야기하고 있다.

[해설] 현재 대화를 하고 있는 사람은 '우리 반 친구들방4'에서 4명임을 알 수 있습니다.

6. 다음은 무엇에 대한 설명인가요? (⑤)

게시판에 책을 읽게 된 동기, 책의 내용, 책을 읽고 난 뒤 생각하거나 느낀 점 등을 자유롭게 표현하여 쓰는 것으로 독서 감상문과 비슷하다.

① SNS 투표 ② 도서 기대평 ③ 텔레비전 뉴스
④ SNS 댓글 ⑤ 인터넷 독서 후기

[해설] 책을 읽게 된 동기, 책의 내용, 책을 읽고 난 뒤 생각하거나 느낀 점 등을 자유롭게 표현한 것은 인터넷 독서 후기입니다.

7. 다음 매체에 대한 설명입니다. 빈칸에 들어갈 알맞은 말에 ○표를 하세요.

《커피우유와 소보로빵》을 읽은 뒤의 생각이나 느낌을 (온라인 대화방 , 인터넷 게시판)에 쓴 글이다.

[해설] 이 글은 인터넷 게시판에 쓴 독서 후기입니다.

4
주차

정답과 해설

4 주차

▲ 빈칸에 들어갈 알맞은 말을 쓰세요. 예 자연재해

태풍, 가뭄, 홍수, 지진, 화산 폭발, 해일과 같은 피할 수 없는 자연현상으로 인해 발생하는 피해를 (자연재해)라고 한다.

해설 태풍, 가뭄, 홍수, 지진, 화산 폭발 등 해일과 같은 피할 수 없는 자연현상으로 인해 발생하는 피해를 자연재해라고 합니다.

▲ 인터넷 뉴스의 내용으로 알맞지 않은 것의 기호를 쓰세요. 답 ㉮

㉮ 자연재해의 피해는 소득이 높은 나라일수록 정도가 더 심하다.
㉯ 전문가들은 해마다 늘고 있는 자연재해의 원인으로 기후 변화를 꼽고 있다.
㉰ 2000~2019년 세계 재해 보고서에 따르면 홍수, 가뭄, 태풍의 피해가 심하다.
㉱ 영화 <투모로우>, <인투더스톰>, <해운대> 등은 자연재해와 관련된 영화이다.

해설 자연재해의 피해는 소득이 적은 국가일수록 정도가 심합니다.

활동 제시된 댓글을 참고하여 인터넷 뉴스를 읽고 댓글을 써 보세요.

akak88
20○○. 12. 15. 18:30:12

자연재해가 이렇게 심각한지 몰랐어요. 대비할 수 있다면 우리도 하나씩 실천해 나가야 할 거 같아요. 자가용보다는 대중교통을 많이 이용하는 게 좋겠네요.

algud416
20○○ . ○○ ·○○

예) 자연재해를 줄이기 위해 우리가 일상 속에서 환경 보전을 위한 행동을 해야 한다고 생각해요. 일회용품 사용을 줄이고, 친환경 제품 사용을 늘리도록 해야겠어요.

해설 인터넷 뉴스에 나온 자연재해에 대한 정보나 자연재해를 줄이기 위한 노력 등을 댓글로 씁니다.

온실가스가 뭐예요?

• 지구의 대기를 오염시켜 온실 효과를 일으키는 기체를 통틀어 이르는 말이다.
• 온실가스를 줄이기 위한 실천 방법에는 적정한 실내온도 유지하기, 친환경 제품 사용하기, 사용하지 않는 전기제품의 플러그 뽑아두기, 나무 심기, 대중교통 이용하기 등이 있다.

1회
과학

① 인터넷 뉴스를 읽고 댓글 쓰기

자연재해의 피해

세계적으로 매년 되풀이되고 있는 자연재해의 피해. 피할 수는 없지만 대비할 수는 있다고 하네요. 자연재해에 대한 인터넷 뉴스를 읽고 댓글을 써 보세요.

NEWS | 과학 | 사회 | 역사 | ...

자연재해 피할 수 없지만 대비는 가능

입력 20○○.12.12. 오후 12:12
박은경 기자 >

영화 <투모로우>, <인투더스톰>, <해운대> 등은 자연재해를 소재로 만든 영화이다. 이런 영화에서만 일어날 것 같은 일들이 현실에서도 더 위협적으로 발생하기도 한다.

자연재해란 태풍, 가뭄, 홍수, 지진, 화산 폭발, 해일과 같은 피할 수 없는 자연현상으로 인해 발생하는 피해를 말한다. 이러한 자연재해가 해마다 늘고 있는데 그 원인으로 전문가들은 기후변화를 꼽고 있다.

2020년 유엔 재난위험경감사무국(UNDRR)에서 발표한 2000~2019년 세계 재해 보고서 내용대로 세계 평균 기온이 오른데서 폭염과 폭염과 가뭄, 홍수, 폭한, 태풍, 산불 등 기상 이변 현상들이 더욱 자주 일어나고 있다고 밝히고 있다. 그중에서도 홍수, 가뭄, 태풍의 피해가 심하며, 인명피해도 저소득 국가일수록 심하다.

▲ 가뭄 ▲ 태풍
▲ 산불 ▲ 홍수
▲ 지진 ▲ 화산 폭발

전문가들은 이렇게 자연재해가 늘어나고 있는 원인에 대해 온실가스를 줄이는 것이 실패하였기 때문이라고 말한다. 자연현상을 막을 수는 없지만 자연재해를 줄일 수는 있다.

자연재해를 줄이기 위해서는 개인적으로 국가적인 노력 보전을 위한 실천이 필요하다. 이미 환경에 대해 걱정하는 사람들은 생활 속에서 일회용품을 줄이고, 친환경 제품을 사용하는 등의 실천을 하고 있다.

국가적으로는 현대 과학을 토대로 한 기상예보 시스템을 활용하여 미리 대비해야 한다. 하지만 지금까지와 같이 인간의 과도한 욕심으로 자연을 훼손한다면 자연재해의 빈도 수나 피해의 정도를 줄일 수는 없을 것이다.

copyright ⓒ 토요일보 무단 전재 및 재배포 금지.
① 이 기사는 언론사에서 과학 섹션으로 분류했습니다.

확인 이 내용이 담긴 디지털 매체는 인터넷 [뉴] [스] 이다.

4 주차

정답과 해설 50쪽

URL 복사

인도 커리, 맛의 향연

맛딴제 20○○.12.03 11:43

안녕하세요. 오늘 떠날 여행지는 인도입니다. 인도의 대표적인 음식으로 떠오르는 것이 있죠? 맞아요. 커리. 우리가 평소 집에서 자주 만들어 먹는 커피는 인도의 커리를 한국인의 입맛에 맞춰 만든 음식이에요. 그럼 인도 전통 음식 커리에 대해 알아볼까요? 자, 맛으로 떠나는 세계 여행 출발!

인도에서는 마살라라는 인도의 향신료를 넣어 만든 요리를 커리라고 합니다. 인도의 고대에서 커리라는 말을 찾을 수 있다는 것에서 오래전부터 먹어왔음을 짐작할 수 있습니다. 커리에는 겨자 씨, 강황, 카민, 고수, 후추 등 여러 가지 향신료가 쓰입니다.

커리의 종류

• 코르마: 육류나 채소에 육수, 요구르트, 크림을 넣어 만든 커리
• 빈달루: 식초, 칠리 고추 등에 미리 재워두었다 만든 가장 매운 커리
• 참프레자: 양념에 재워둔 고기나 채소를 기름에 볶아 만든 커리

먹는 방법

밥에 조금씩 섞어 먹거나 인도의 빵인 로티에 싸 먹습니다. 채소 스틱이 상큼함과 마일 채소 소스인 차트니를 곁들이는 것도 좋습니다. 매운 커리는 요거트와 함께 먹으면 좋습니다.

▲ 로티

▲ 커리와 곁들여 먹는 음식

나라마다 커리가 달라요

• 영국: 밥에 곁들여 먹는 고기 수프 형식으로 바뀌었다.
• 일본: 일본식 발음인 '카레'로 불렸으며, 감자, 당근, 양파 같은 채소가 많이 들어간다.
• 한국: 강황을 많이 사용해 노란색을 띠고 국물이 넉넉한 편이다.

1회 역사

② 블로그 글 읽고 마인드맵으로 정리하기

세계의 음식, 인도 커리

맛있는 음식이 있는 곳이면 어디든지 가는 새나비 가족은 인도 음식 전문점에 갔어요. 새나비는 커리 사진을 SNS에 올리고, 커리에 대한 정보를 찾아보았어요. 블로그 글을 통해 알게 된 커리에 대한 정보를 마인드맵으로 정리해 보세요.

새나비   오후 02:30

#오늘도_나는_음식여행
#커리_향미_솔솔
2일 전

댓글 38개 모두 보기

새니_10, mono_lee님 외 32명이 좋아합니다.
새나비 #커리 #인도커리 #인도여행 #커리종류 #향신료 #커리스타그램 #먹방 #맛집

댓글   오후 03:30

새니_10 우와, 커리 전문점 다녀왔어요?
1일 댓글 달기

mono_lee 커리네요. 커리는 언제나 진리죠.
1일 댓글 달기

수민 와~, 맛있어 보여요. 음식 사진 많이 올려 주세요.
3시간 댓글 달기

새니_10 지난번에 TV에서 인도 커리에 대해 소개하는 내용을 봤는데, 커리라는 이름은 남인도의 스리랑카어 커리라는 말에서 왔고, 커리는 여러 종류의 향신료를 넣어 만든 스튜라는 뜻이래요.
24분 댓글 달기

새나비 오커리군요?^^ 아이에게 자꾸 커리에 대해 궁금해졌어요. 제가 찾은 블로그 공유해요. 궁금하신 분은 한 번 읽어 보세요.
15분 댓글 달기

게시

활동 이 내용이 담긴 디지털 매체는 SNS와 [블][로][그]이다.

4 주차

활동 커리에 대한 정보를 마인드맵으로 정리해 보세요.

커리의 종류

코르마,
빈달루,
잘프레지

커리의 재료

예) 마살라, 다양한 향신료
(겨자 씨, 강황, 커민, 고수,
후추 등), 각종 채소, 고기, 해물

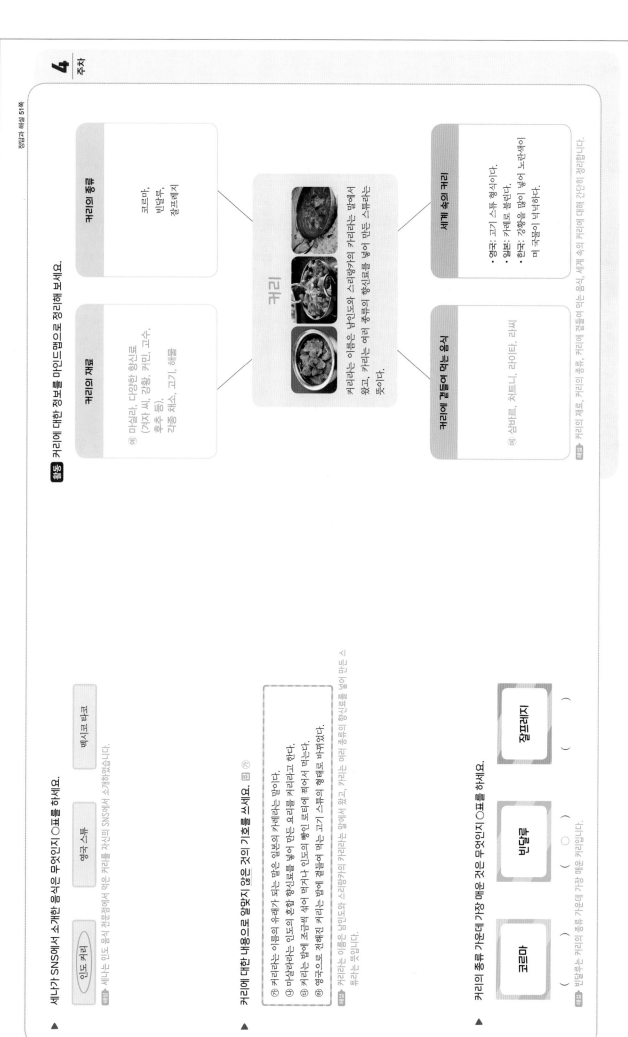

커리

커리라는 이름은 남인도와 스리랑카의 카리라는 말에서 왔고, 카리는 여러 종류의 향신료를 넣어 만든 스튜라는 뜻이다.

세계 속의 커리

• 영국: 고기 스튜 형식이다.
• 일본: 카레로 불린다.
• 한국: 강황을 많이 넣어 노란색이 며 국물이 넉넉하다.

커리에 곁들여 먹는 음식

예) 샐러드, 처트니, 라이타, 라씨

해설 커리의 재료, 커리의 종류, 커리에 곁들여 먹는 음식, 세계 속의 커리에 대해 간단히 정리합니다.

▲ 세나가 SNS에서 소개한 음식은 무엇인지 ○표를 하세요.

(인도 커리)   영국 스튜   멕시코 타코

해설 세나는 인도 음식 전문점에서 먹은 커리를 자신의 SNS에서 소개하였습니다.

▲ 커리에 대한 내용으로 알맞지 <u>않은</u> 것의 기호를 쓰세요. 답 ㉮

㉮ 커리라는 이름의 유래가 되는 말은 일본의 카레라는 말이다.
㉯ 마살라라는 인도의 혼합 향신료를 넣어 만든 요리를 커리라고 한다.
㉰ 커리는 밥에 조금씩 쉬어 떠거나 인도의 빵인 로티에 찍어서 먹는다.
㉱ 영국으로 전해진 커리는 밥에 곁들여 먹는 고기 스튜의 형태로 바뀌었다.

해설 커리라는 이름은 남인도와 스리랑카의 카리라는 말에서 왔고, 카리는 여러 종류의 향신료를 넣어 만든 스 튜라는 뜻입니다.

▲ 커리의 종류 가운데 가장 매운 것은 무엇인지 ○표를 하세요.

코르마   (빈달루)   잘프레지

해설 빈달루는 커리의 종류 가운데 가장 매운 커리입니다.

2회 생활

① 학교 누리집 게시판을 읽고 두 줄 댓글 쓰기
학교에 두 줄 제안하기

수업이네 학교 누리집에는 학생 누구나 학교에 제안하고 싶은 내용을 두 줄 댓글로 써서 제안할 수 있는 게시판이 있어요. 수업이네 학교 학생들은 어떤 제안을 가장 많이 했는지 살펴볼까요?

🏠 ○○초등학교 게시판   🔍

○○ 초등학교 학생들의 공간 "나의 두 줄이 학교를 바꿉니다"

작성자: 관리자

○○초등학교 학생 여러분, 학교생활을 하면서 불편하거나 힘든 점, 학교에 바라는 점이 있었나요?
학교에 대한 여러분의 생각을 두 줄 댓글로 써 주세요.
○○초등학교 학생이면 누구나 참여할 수 있어요!
여러분의 생각으로 더 좋은 ○○초등학교를 만들고요.

👍 공감 20 ∧   💬 댓글 10 ∨

└ 4학년 1반 양수업 오후 3시부터 참견 있는 학교 후문을 오후 6시까지 개방해 주세요. 저희 집은 집문과가 까운데 3시 이후에 학교에 갈 수 있으면 정문까지 빙 돌아서 가야 해서 불편해요.

└ 2학년 3반 오정태 주말에도 학교 운동장에서 축구를 할 수 있도록 열어 주세요. 학교 운동장에서 축구를 하고 싶어요.

└ 3학년 6반 이지영 늦은 시간까지 학교 후문을 열어 주세요. 후문을 일찍 닫아서 집으로 가려면 가깝요.

└ 5학년 1반 김산호 본관 3층에 남자 화장실을 만들어 주세요. 각 층마다 화장실이 있어야 하는데 본관에는 3층에만 남자 화장실이 없어서 4층으로 올라가거나 2층으로 내려가야 해서 불편해요.

└ 1학년 4반 신유라 급식 반찬을 안 맵게 해 주세요. 김치도 하얀색 김치로 해 주세요.

└ 3학년 2반 지우경 학교 후문을 늦게까지 열어 주세요. 아이는 단지가 후문 쪽에 많아서 후문을 이용하는 학생이 많은데 후문이 일찍 닫히면 정문까지 걸어가야 해서 힘들어요.

└ 4학년 5반 김진희 우리 학교도 정문보다 후문을 이용하는 사람이 더 많습니다. 그래서 후문 개방 시간을 바꾸어 주셨으면 좋겠습니다.

└ 5학년 1반 박충하 실내 체육관을 만들어 주세요. 연못에서 공을 하는데 운동장에서 체육 수업 듣는 게 고통이에요.

└ 2학년 1반 신우민 학교 연못에 빠질 위험이 있는 자리를 바로 돌려 보내 주세요. 연못에 갇혀 있는 자리가 불쌍해요.

└ 6학년 4반 신정호 인기 있는 도서들을 많이 사 주세요. 책 많아하는 것이 하늘에서 별 따는 것보다 힘들어요.

확인 이 내용이 담긴 디지털 매체는 학교 누리집 [게] [시] [판] 이다.

▲ 학교 누리집 게시판에 "나의 두 줄이 학교를 바꿉니다"가 만들어진 목적으로 알맞은 것에 ○표를 하세요.

○○ 초등학교를 더 좋게 만들기 위해   ⬜

○○ 초등학교의 행사를 알려주기 위해   ⬜

○○ 초등학교 학생들을 서로 친하게 만들기 위해   ⭕

해설 "나의 두 줄이 학교를 바꿉니다"는 학교생활을 하면서 불편한 점이나 힘든 점, 학교에 바라는 점 등 학생들의 생각을 듣고 더 좋은 ○○초등학교를 만들기 위해 만들어진 게시판입니다.

▲ 두 줄 댓글 중 가장 많은 의견은 무엇인지 기호를 쓰세요. [㉐]

㉮ 급식 반찬 개선   ㉯ 인기 도서 구입

㉰ 주말 학교 운동장 개방   ㉱ 늦은 시간까지 학교 후문 개방

해설 늦은 시간까지 학교 후문을 열어 달라는 댓글이 가장 많았습니다.

활동 우리 학교 누리집에 "나의 두 줄이 학교를 바꿉니다"가 있다면 나는 어떤 의견을 쓸지 두 줄 댓글을 써 보세요.

↩ 댓글

댓글달기

㉐ 급식 반찬으로 고기를 많이 주세요. 우리 학교 급식에는 고기 반찬이 적은 것 같아요.

1000자 이내   등록

해설 학교에 대한 의견을 두 줄 씁니다.

인터넷 게시판에 댓글을 쓸 때 주의할 점을 알아 보아요

· 함부로 욕하거나 비웃는 행동는 말은 하지 않는다.
· 나쁜 댓글을 쓰지 않는다.
· 게시판에 글을 쓴 사람을 욕하는 글을 쓰지 않는다.
· 게시판의 주제와 상관 없는 내용을 쓰지 않는다.

2회

문화

2 인터넷 백과사전을 읽고 카드 뉴스 만들기

피라미드

세계에는 다양한 건축물이 있어요. 그중에서 이집트의 피라미드는 영원한 낙원으로 향하는 거대한 장치라는 의미를 갖고 있어요. 인터넷 백과사전을 읽고 카드 뉴스를 만들어 보세요.

독독백과사전

피라미드
영원한 낙원으로 향하는 거대한 장치

사전 소개 | 연표

피라미드의 의미
고대 이집트인들에게 피라미드는 왕이자 신이었다.
그는 지상에서 생명이 다하면 하늘나라로 가서 영원한 생명을 얻게 된다고 믿었다.
피라미드는 파라오가 하늘로 올라가기 위해 준비된 계단이라는 의미를 띠고 있다.

피라미드의 규모
옛날 사람들은 이 어마어마한 무덤들을 어떻게 지었을까? 이집트 최대의 피라미드인 쿠푸 왕의 대피라미드는 2.5톤 무게 돌덩이 250만 개를 사용하여 148미터의 높이로 지어졌다고 한다.
이 피라미드는 10만 명의 노동자가 20년이나 걸쳐서 완성시켰다고 한다. 이 거대한 피라미드를 만들기 위해 크고 무거운 돌들을 어떻게 옮기고 쌓아올렸는지는 정확히 알려져 있지 않다.

확인 이 내용이 담긴 디지털 매체는 인터넷 백 과 사 전 이다.

단연 이집트에서는 나일강의 범람* 이후 농토를 정리하고 새롭게 거두들이기 위해 토지 넓이를 재는 기술이 발달했다. 토지 측량술과 관계 있는 기하학이 바로 피라미드의 건축이나 측량에 활용되었다고 볼 수 있다.

피라미드가 만들어진 까닭

파라오가 사망하면 죽은 파라오를 썩지 않게 미라로 만들고 의식을 치른 두 미라와 부장품*을 피라미드 내부의 현실(사체가 있는 무덤 속의 방)과 부속 공간에 안전하게 잠두고 도굴을 대비한 여러 장치들을 작동시켰다고 한다.

왕의 묘로 거대한 피라미드가 만들어진 까닭은 우선 파라오의 영원한 생명에 걸맞게 영원히 무너지지 않을 것이 필요했기 때문이다.
또 한 가지는 그가 하늘로 올라가기 위한 계단, 또는 사다리의 역할이었다. 또는 사다리의 역할이었다. 고대 이집트인들은 사람이 죽으면 사후 세계에서 되살아난다고 믿었기 때문에 죽은 파라오의 무덤으로 설계된 사후 세계의 왕궁을 짓는다는 생각에서 만든 것이었다.

피라미드의 신비

피라미드에는 오늘날까지 건축에 있어서의 신비한 몇 가지 이야기가 전해진다.
쿠푸 왕의 대피라미드를 실측하면 네 개의 측면이 각각 정확하게 동서남북을 바라보고 있다고 한다.

피라미드의 둘레가 정확하게 태양년의 일수인 365.2일 전 배와 일치한다는 점, 춘분에는 피라미드의 그림자가 전혀 생기지 않는다는 점 등 피라미드와 관계된 숫자는 여러 가지 의문을 가지고 있다.
이러한 사항은 피라미드의 존재를 더욱 신비한 것으로 만들고 있다. 이는 당시 과학 기술의 수준이 아주 대단하여 훨씬 뛰어넘는 정도였다는 것을 짐작할 수 있게 해 준다.

*범람: 큰물이 흘러넘침.
*부장품: 죽은 자를 매장할 때 함께 묻는 물건.

언제 인터넷 백과사전을 이용하나요?

대상에 대한 기초적인 정보를 얻고 싶을 때
대상과 관계된 다양한 사진이나 그림 자료 등을 찾아보고 싶을 때
대상에 대한 사전적 의미와 사회적 배경 등을 자세히 읽고 싶을 때

활동 인터넷 백과사전에서 읽은 내용을 바탕으로 카드 뉴스를 완성해 보세요.

피라미드의 의미

예) 피라미드는 파라오가 하늘로 올라가기 위해 준비된 계단이라는 의미를 띠고 있습니다.

피라미드 규모1

이집트 기자의 대피라미드는 10만 명의 노동자가 20년이나 걸쳐서 완성시켰다고 합니다.

피라미드가 만들어진 까닭

예) 고대 이집트인들은 사람이 죽으면 사후 세계에서 다시 태어난다고 믿었기 때문에 피라미드를 여러 부장품과 함께 피라미드 내부에 안전하게 두었다고 합니다.

피라미드의 규모 2

당시 이집트에서는 토지 넓이를 재는 토지 측량술이 쓰이고 있었는데, 이때 기하학이 피라미드의 건축이나 측량에 활용되었다고 볼 수 있습니다.

해설 피라미드의 의미, 피라미드의 규모, 피라미드가 만들어진 까닭을 정리하여 카드 뉴스를 만듭니다.

▲ 인터넷 백과사전의 내용으로 알맞은 것에 모두 ○표를 하세요.

피라미드의
신비 ○

피라미드의
규모 ○

피라미드 속 미라를
만드는 방법

피라미드가 만들어진
까닭 ○

해설 인터넷 백과사전에는 피라미드의 의미, 피라미드의 규모, 피라미드가 만들어진 까닭, 피라미드의 신비에 대해 설명하고 있습니다.

▲ 인터넷 백과사전을 활용하는 때는 언제인지 알맞은 것의 기호를 두 가지 쓰세요. 답 ㉮, ㉰

㉮ 대상에 대한 기초적인 정보를 얻고 싶을 때
㉯ 대상과 관계된 다양한 사진 자료를 찾아보고 싶을 때
㉰ 대상과 관련된 유의어, 반의어 등의 낱말 풀이를 찾아보고 싶을 때

해설 인터넷 백과사전은 대상에 대한 기초적인 정보뿐 아니라 다양한 사진 자료 및 관련 지식이 자세히 나와 있습니다.

▲ 인터넷 백과사전을 읽은 뒤에 더 찾아보고 싶은 내용을 알맞게 말한 친구의 이름을 쓰세요. 답 은해

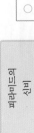

은해: 미라가 썩지 않도록 어떤 방법으로 붕대를 감았는지 그것을 찾아보고 싶어.
정우: 피라미드를 만드는 데 얼마나 많은 사람들이 동원되었는지를 찾아보고 싶어.

해설 정우가 궁금해한 것은 10만 명의 노동자가 20년이나 걸쳐서 완성시켰다는 내용으로 인터넷 백과사전에 이미 나와 있는 내용입니다.

4 주차

민지와 민지 엄마가 받은 광고는 어떤 내용인지 알맞은 말에 ○표를 하세요.

(새로나 서점 , **새로나 문구점**)이 오픈하여 할인 행사를 한다는 내용이다.

해설 민지와 민지 엄마는 새로나 문구점이 새로 오픈하여 할인 행사를 한다는 내용의 광고를 받았습니다. 민지는 인쇄 광고, 민지 엄마는 모바일 광고(휴대 전화 문자 광고)를 받았습니다.

민지가 받은 광고와 엄마가 받은 광고의 **특징**을 알맞게 선으로 이으세요.

민지가 받은 광고 · · 읽고 싶은 내용을 빠르게 찾을 수 있다.

엄마가 받은 광고 · · 글로만 간결 쓰여 있어서 필요한 정보만 찾아서 읽는 데 시간이 적게 들 수 있다.

해설 민지가 받은 인쇄 광고에는 그림과 글자가 함께 나와 있고, 글자 크기와 색이 다르게 되어 있어서 내가 읽고 싶은 것을 골라 읽기가 쉽습니다. 엄마가 받은 모바일 광고에는 글만 간결하게 나와 있어 가독성이 떨어집니다.

해설 민지가 받은 인쇄 광고는 그림과 글자로 꾸밀 수 있고, 글자 크기와 색을 다르게 나타낼 수 있습니다. 그리고 무엇을 할인하는지 강조할 수 있으므로 광고를 보는 사람이 내용을 한눈에 알 수 있습니다. 그러나 엄마가 받은 모바일 광고는 글자로만 되어 있으며, 글자 크기와 색이 같아서 무엇을 할인하는지 한눈에 알아보기 어렵습니다.

활동 민지가 받은 광고와 엄마가 받은 광고를 비교해 보세요.

민지가 받은 광고
· 그림과 글자로 꾸며져 있다.
· (예) 글자 크기와 색이 다르다.
· 무엇을 할인하는지 한눈에 알 수 있다.
· 종이를 잃어버리면 내용을 확인할 수 없다.

엄마가 받은 광고
· 글자로만 되어 있다.
· 글자 크기와 색이 같다.
· (예) 무엇을 할인하는지 한눈에 알아보기 어렵다.
· 문자를 지우지 않으면 내용을 계속 확인할 수 있다.

공통으로 알 수 있는 내용이에요
· 비유적 표현이나 재미있는 광고 문구를 넣어 만든다.
· 글꼴이나 글자 크기, 색깔 등을 다르게 하여 같은 인상을 남길 수 있다.
· 사진이나 그림 등의 자료를 사용하여 효과적으로 나타낼 수 있다.

3회 생활

1 광고를 읽고 비교하기

새로나 문구점이 오픈합니다

민지는 하굣길에 새로나 문구점에서 할인 행사를 한다는 소식이 담긴 광고지를 받았어요. 같은 날 엄마는 광고를 휴대 전화 문자로 받으셨대요. 두 광고를 읽고 내용과 형식을 비교해 보세요.

◆ 민지가 받은 인쇄 광고

OPEN 새로나 문구점
파격 할인 행사

2○○○년 1월 1일~1월 3일
모든 방문 고객 기념품 증정

필기류 30% 할인
연필, 샤프, 지우개, 볼펜, 사인펜, 매직, 색연필

노트류 20% 할인
초등고 공책, 스케치북

정산준비물 15% 할인
학습 준비물 종류 10% 할인

◆ 엄마가 받은 모바일 광고

오후 02:30

[Web발신]
(광고)새로나 문구점 오픈 기념 할인 행사

· 2○○○년 1월 1일
새로나 시장에 새로나 문구점 오픈
· 모든 방문 고객 기념품 증정(1/1~3)
손 소독제(수량은 1000개로 한정되어 있으며 조기 종료될 수 있음.)

■ 필기류 30% 할인
- 연필, 샤프
- 지우개
- 볼펜
- 사인펜, 매직, 색연필
■ 노트류 20% 할인
- 초등고 모든 학년 공책
- 스케치북, 연습장
■ 정산준비물 15% 할인
- 학습 준비물 종류 10% 할인

새로나 문구점은 항상 친절하겠습니다.
하나를 구매해도 카드 사용 가능합니다.
감사합니다.

무료수신거부 080-123-4567

활동 이 내용이 담긴 디지털 매체는 인쇄 광 고 와 모바일 광 고 이다.

4주차

▲ 민서는 블로그에 어떤 내용의 글을 썼는지 알맞은 것에 ○표를 하세요.

텔레비전에서 본 크리스마스 섬의 (붉은 게 / 노랑미친개미)에 대한 내용을 글로 썼다.

해설 민서는 텔레비전에서 본 크리스마스 섬의 붉은 게에 대한 내용을 글로 썼습니다.

▲ 블로그의 내용으로 알맞은 것에 모두 ○표를 하세요. ㉯, ㉰

㉮ 크리스마스 섬은 대서양에 있다.
㉯ 크리스마스 때 발견되어 크리스마스 섬이라는 이름이 붙여졌다.
㉰ 크리스마스 섬의 붉은 게들은 알을 낳기 위해 우기 때 바다로 간다.

해설 크리스마스 섬은 인도양에 있습니다.

활동 블로그글을 다시 읽고 느낀 점을 댓글로 써 보세요.

> 💬 댓글
>
> 지연 생각하는 크리스마스 섬 주민들의 마음씨에 놀랐다.
> 🖤 1
>
> (댓글달기)
>
> (예) 예쁜 크리스마스 섬에 가서 붉은 게들의 이동을 눈으로 확인해 보고 싶다.
>
> 1000자 이내   등록

해설 크리스마스 섬의 붉은 게들이 이동하고 주민들이 주민들의 행동에 대해 느낀 점을 간단히 씁니다.

천적이 뭐예요?

_____

• 잡아먹는 동물을 잡아먹히는 동물에 상대하여 이르는 말이다.
• 크리스마스 섬에서는 노랑미친개미가 붉은 게의 천적이다.
• 쥐의 천적은 뱀 배추흰나비의 천적은 배추나비고치벌, 진딧물의 천적은 무당 벌레이다.

3회 과학

2 블로그글 읽고 느낀 점 댓글 쓰기

크리스마스 섬 이야기

텔레비전에서 다큐멘터리를 즐겨 보는 민서의 장래 희망은 방송 기자예요. 그래서 방송에서 본 내용을 정리하여 블로그에 꾸준히 글을 쓰고 있어요. 블로그글을 읽고 느 낀 점을 댓글로 써 보세요.

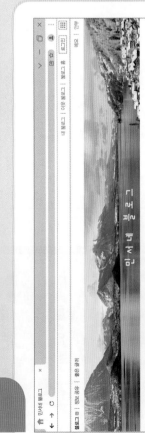

민서의 블로그

블로그 홈 | 정보 공유 | 좋은 글귀

크리스마스 섬의 기적

박민서 2000. 10. 10 13:05

URL 복사

인도양에는 작고 이름도 예쁜 크리스마스 섬이 있다. 1964년 크리스마스 때 발견되어서 이름이 크리스마스 섬이 되었다는 유래도 재미있었는데 이 예쁜 섬에는 아름다운 이야기도 전해진다.

매년 10월 이후 우기(일 년 중 비가 많이 오는 시기)가 되면 이 섬의 숲에 사는 붉은 게들이 바다를 향해 대이동을 한다.

이 섬은 매우 더운 날씨라서 게들은 평소에는 굴속에 살고 있다가 비가 오면 이동을 하는 것이다. 그것도 알을 낳 기 위해서란다. 놀라운 것은 게의 1억여 마리나 되는 게들이 사람들 사는 곳을 지나서 바다로 가는 것이다.

그런데 그것보다 더 놀라운 것은 붉은 섬에 사는 사람들이 불편할 텐데도 누구 하나 짜증을 내지 않고 그들이 바다로 이동하는 데 도움을 준다는 것이다. 자동차가 다니던 도로에는 잠시 게들을 향해 차들이 다니지 않도록 하거나 다 른 길로 돌아가라고 안내한다. 그리고 차들이 꼭 대이동 하는 곳에는 게들이 안전하게 지나도록 사람들이 서서 지 켜준다. 나아가 게들이 다닐 수 있는 육교를 만들어 주기도 해 놓았다.

그럼에도 게들이 바다로 가면서 자동차에 깔려 죽기도 하고, 천적인 노랑미친개미를 만나 죽기도 하고, 몸의 물기 가 말라 죽기도 한다.

여러 어려움을 거쳐 바다로 도착하면, 만세를 부르듯이 집게발을 번쩍 들고 춤을 추듯이 몸 안에 있는 알들을 바 다에 쓸어낸다. 암컷 한 마리가 낳는 알은 약 40만 개. 이 알들은 약 한 달 뒤에 새끼 게가 되고 몸이 단단해지게 되 면 누가 가르쳐 주지도 않았는데, 이미 게들이 한 것처럼 거꾸로 숲을 향해 위험한 길을 떠난다.

#크리스마스 #크리스마스섬 #인도양 #붉은게

확인 이 내용이 담긴 디지털 매체는 블 로 그 이다.

4회 역사

1 뉴스 방송 대본을 읽고 SNS에 소개하는 글 쓰기

지혜의 책을 소개합니다

텔레비전 뉴스의 책 소개 방송 대본을 읽고 나만의 여러 나라의 지혜가 담긴 책에 대해 다루었어요. 뉴스 방송 대본을 읽고 지혜의 이야기에는 어떤 것들이 있는지 알아보고, 나만의 지혜의 책을 한 권 골라 SNS에 소개해 보세요.

ETS 뉴스 함께 읽어 봐요

지혜가 넘쳐나는 시대에 숨은 지혜 찾기.
오늘 '함께 읽어 봐요' 시간에는 세계 여러 나라의 지혜가 담긴 책에 대해 소개합니다. 김보미 기자입니다.

지혜서 하면 떠오르는 책이 한 권 있으실 겁니다. 바로 유대인들의 지혜서인 《탈무드》인데요, 《탈무드》에는 유대인들의 율법을 바탕으로 지혜롭게 문제를 해결하는 랍비들의 이야기가 담겨 있어요. 이야기 속에 삶의 지혜를 담아내기도 하고, 교훈을 주는 일화도 있으며, 동화 같은 이야기도 있어서 아이부터 어른까지 읽기에 좋습니다. "당신이 하고 싶지 않은 일을 남에게도 강요하지 마라."와 같은 이야기 속 짧은 글귀 속에서 유대인들의 지혜를 엿볼 수 있습니다.

두 번째 소개할 책은 《이솝 우화》인데요, 우화란 사람처럼 표현한 동물이나 식물 등이 주인공이 되어 그들의 행동을 통해 교훈을 드러내는 이야기입니다. 이러한 우화 가운데 가장 대표적인 것이 《이솝 우화》입니다. 《이솝 우화》는 기원전 6세기 경 그리스인이 지은 이야기라고 합니다. 〈여우와 신 포도〉가 담긴 《이솝 우화》 속 이야기입니다.

세 번째 소개할 책은 《라퐁텐 우화》입니다. 이 책은 17세기 말 프랑스 시인 라 퐁텐이 쓴 열두 권짜리 우화집입니다. 인간에 대한 풍자와 비판 그리고 교훈을 담고 있습니다. 〈까마귀와 여우〉, 〈양이 된 늑대〉 등이 우리에게 많이 알려진 이야기입니다.

우화는 소설이나 동화처럼 이야기가 길거나 자세하지 않아요. 그 대신 누구나 쉽게 읽을 수 있는 짧은 이야기 속에 어떤 삶의 지혜가 숨겨져 있을지 궁금하지 않으신가요? 지금까지 ETS뉴스 김보미 기자였습니다.

확인 이 내용이 담긴 디지털 매체는 텔레비전 뉴 스 이다.

4주차 4

텔레비전 뉴스에서는 무엇에 대해 소개하고 있는지 알맞은 것의 기호를 쓰세요. 팁 ⓑ

ㄱ ㄴ

㉮ 《탈무드》와 《이솝 우화》 외에 지혜가 담긴 책들
㉯ 지혜가 담긴 책인 《탈무드》, 《이솝 우화》, 《라퐁텐 우화》
㉰ 《탈무드》와 《이솝 우화》를 바탕으로 제작된 애니메이션

해설 텔레비전 뉴스에서는 세계 여러 나라의 지혜가 담긴 책 가운데 《탈무드》, 《이솝우화》, 《라퐁텐 우화》를 소개하고 있습니다.

빈칸에 들어갈 알맞은 말에 ○표를 하세요.

(《탈무드》, 《이솝 우화》)는 유대인들의 율법을 바탕으로 지혜롭게 문제를 해결하는 랍비들의 이야기가 담긴 책이다.

해설 유대인들의 율법이 담긴 책은 《탈무드》입니다.

활동 나만의 지혜의 책 한 권을 골라 SNS에 소개해 보려고 합니다. 제시된 SNS를 참고하여 소개하는 내용을 써 보세요.

king.wt_07
258 Likes
king.wt_07 #책읽는아이 #어린왕자 #도시
나만의 지혜의 책은 《어린왕자》야. 어린왕자야. 어린왕자의 관계를 보면서 친구와의 우정을 다시 한번 생각해 보게 되었기 때문이야. 아직 못 읽은 친구들은 한 번 읽어 보면 좋겠어. 이 책이 유명한 이유를 알게 될 것.

sing.so_1203
258 Likes
sing.so_1203
#책벼락 #열정만한이유정 #공감
나만의 지혜의 책은 《열정만큼 이유정》이야. 오른쪽과 오른쪽을 구별하지 못해 2학년 동생이 도움을 받아야 하는 유정이 이야기야. 평범한 일상이 얼마나 소중한지 새삼 느꼈어.

해설 나만의 지혜의 책이나 책 두 지혜서가 아니어도 됩니다. 나에게 깨달음을 주었던 책이면 됩니다.

친구들에게 책을 소개해 봐요

- 친구들에게 소개하고 싶은 책을 떠올린다.
- 책에 대해 소개하고 싶은 내용을 간단하게 정리해 본다.
- 정리한 내용을 바탕으로 하여, 친구들에게 책을 소개하는 글을 쓴다.

4회 사회

2 온라인 대화와 인터넷 백과사전을 읽고 전자 우편 쓰기

소방관이 궁금해요

현우는 온라인 대화방에서 소방관 아저씨와 면담을 했어요. 그리고 인터넷 백과사전에서 소방관에 대해 더 조사해 보았어요. 온라인 대화와 인터넷 백과사전의 내용을 바탕으로 소방관 아저씨께 하고 싶은 말을 전자 우편으로 써 보세요.

< 소방관 아저씨

소방관 아저씨
안녕하세요? ○○초등학교 3학년 송현우입니다. 면담을 허락해 주셔서 감사합니다.
오후 4:32

네, 반가워요. 질문 내용을 알기 쉽게 답할게요.
오후 4:33

먼저 소방관을 직업으로 선택하신 이유가 궁금해요.
오후 4:35

소방관 아저씨
저는 어릴 때부터 남을 도와주는 것을 좋아했어요. 그래서 다른 사람을 위해 봉사하는 일을 찾아보았고 그 중 소방관이 되었어요.
오후 4:37

소방관이 하는 일은 어떤 것이 있지요?
오후 4:39

소방관 아저씨
소방관이 하는 대표적인 일에는 화재가 났을 때 불을 끄는 일, 사건이나 재난 상황에서 사람을 구조하는 일, 응급 상황이 발생했을 때 응급 처치를 하는 일이 있어요.
오후 4:41

모두 긴급한 일들이네요. 아저씨는 어떤 일을 담당하시나요?
오후 4:42

< 소방관 아저씨

소방관 아저씨
맞아요, 모두 긴급한 일들이에요. 그래서 위급한 상황이 벌어졌을 때 각자 맡은 일을 빠르게 하는 것이지요. 저는 불을 끄는 일을 맡고 있어요.
오후 4:42

소방관이 되어서 가장 보람 있었을 때는 언제였는지 궁금해요.
오후 4:45

소방관 아저씨
위급한 상황에서 무사히 사람을 구해서 을 때가 가장 보람되었어요. 생명을 살려 내는 기쁨에 기분이 뿌듯했어요.
오후 4:48

마지막 질문이에요. 가장 힘들었을 때는 언제였나요?
오후 4:51

소방관 아저씨
보람 있을 때와 반대의 경우예요. 누군가를 살리지 못했을 때가 마음이 아파요. 내 힘이 좀 더 뇌했으면 살릴 수 있지 않았을까 하는 생각이 들거든요.
오후 4:54

좋은 내용을 말씀해 주셔서 감사합니다. 소방관에 대해 궁금했던 정을 잘 알게 되었어요.
오후 4:57

소방관 아저씨
😊
오후 4:59

활동 이 내용이 담긴 디지털 매체는 온라인 대화방과 인터넷 [백][과][사][전] 이다.

소방관

화재를 예방하거나 진압하고, 사고나 재난에서 사람을 구해 내는 일을 하는 사람.

직업 종류	서비스	★★★★★
필요한 능력	운동 신경	★★★★★★
	봉사 정신	★★★★★★
	성실성	★★★★★
관련 직업	경찰관, 간호사	

어떤 일을 하나요?

소방관은 화재가 났을 때 불을 끄는 기본적인 일부터 사건이나 재난이 생겼을 때 사람을 구하는 일, 응급 상황에서 아픈 사람에게 응급 처치를 하는 일까지 다양한 일을 한다. 소방관은 화재를 예방하거나 진압하는 일은 소방대원이, 사건이나 재난에서 사람을 구해 주는 일은 구조대원이, 응급 상황에서 응급 처치를 하는 일은 응급대원이 한다. 그밖에도 소방헬기를 이용하여 구조하는 일과 화재 예방 교육이나 건물의 소방 시설을 점검하는 일을 하기도 한다.

▲ 화재 진압

▲ 재난 사고 구조

▲ 응급 처치

어떤 사람에게 잘 맞는 직업인가요?

• 다른 사람을 위해 희생하고 봉사하는 것을 좋아하는 사람
• 어떤 일이라도 성실하고 책임감 있게 하는 사람
• 위기 상황에 빠르게 대처할 수 있는 사람

소방관이 되려면 어떻게 해야 하나요?

소방관을 뽑는 시험에 합격해야 한다. 소방 관련 내용을 배우는 학교를 다니면서 체계적인 지식을 배워 시험을 치르기도 한다.

소방관이 입는 옷을 방화복이라고 해요

화재가 났을 때 소방관이 입는, 불에 타지 않는 천으로 만들어진 옷이 방화복이다. 방화복은 겉을 싸고 있는 천은 높은 온도에 닿아도 타거나 녹지 않아서 몸을 불 끌 때 몸을 보호해 준다. 방화복의 안쪽에 있는 천은 뜨거운 열을 막아주고, 땀을 흡수하는 역할을 한다.

활동 1 온라인 대화방의 연담 내용과 인터넷 백과사전을 읽고 연담을 해 주신 소방관에게 하고 싶은 말을 글을 정리해 보세요.

연아가 하고 싶은 말
- 보이지 않는 곳에서 우리들의 안전을 항상 지켜주셔서 감사하다.
- 사고가 났을 때 구조하는 것도 소방관의 일이라는 것을 처음 알았다.
- 소방관에게도 봉사하는 마음이 꼭 필요하다는 것을 알게 되었다.

내가 하고 싶은 말
예)
- 나도 어릴 때부터 소방관이 되고 싶었다.
- 생명을 살렸을 때 보람 있었다는 말이 마음에 깊이 남았다.
- 꼭 소방관이 되고 싶다.

해설 소방관이라는 직업에 대해 읽고 나서 소방관에게 하고 싶은 말을 정리해 봅니다.

활동 2 정리한 내용을 바탕으로 연담을 해 주신 소방관에게 하고 싶은 말을 전자 우편으로 써 보세요.

새 메일

보내는 사람 예) 유민서

받는 사람 예) 이훈민 소방관

제목 예) 소방관이 되고 싶어요

예) 안녕하세요. 저는 초등학교 3학년 유민서라고 합니다. 지난번에 소방관이라는 직업에 대해 송현우와 얘기를 들었어요. 저도 어릴 때부터 늘 소방관이 되고 싶었기 때문에 연담을 보고 아주 기뻤어요. 소방관으로 일하시면서 직업에 대한 이야기를 들을 적이 없었거든요. 소방관을 일하시면서 가장 보람 있을 때가 위급한 상황에서 생명을 살렸을 때라고 하신 말씀이 마음에 깊이 남았어요. 저도 꼭 소방관이 되어서 그런 경험을 해 보고 싶어요.
많은 사람들을 위해 항상 애써 주셔서 감사합니다.
안녕히 계세요.

보내기 ▶

해설 전자 우편을 쓸 때는 받는 사람과 제목을 쓰고, 전하고 싶은 말을 씁니다.

▲ 온라인 대화방과 인터넷 백과사전의 내용에 ○표를 하세요.

온라인 대화방과 인터넷 백과사전에는 (소방관 , 경찰관)에 대해 나와 있다.

해설 온라인 대화방과 인터넷 백과사전에는 소방관에 대한 내용이 나와 있습니다.

▲ 온라인 대화의 특징으로 알맞은 내용을 모두 고르세요. (㉯ , ㉱)

㉮ 직접 만나서 대화를 주고받는다.
㉯ 급을 통해 멀리 있는 사람과도 대화를 나눌 수 있다.
㉰ 대화를 하면 상대방에게 전달되는 데 시간이 오래 걸린다.
㉱ 생각이나 느낌을 생생하게 전달하기 위해 그림 문자를 사용하기도 한다.

해설 온라인 대화는 직접 만나서 얘기하는 것이 아닙니다. 온라인 대화를 할 때 글을 쓴 상대방에게 즉시 전달됩니다. 온라인 대화를 할 때 글을 쓴 상대방에게 생각이나 느낌을 생생하게 전달하기 위해 그림 문자를 사용하기도 합니다.

▲ 소방관이 하는 일에 모두 ○표를 하세요.

화재가 났을 때 불을 끈다.	전쟁이 났을 때 나라를 지킨다.	재난이 났을 때 사람을 구조한다.
(○)	( )	(○)

해설 전쟁이 났을 때 나라를 지키는 일은 군인이 하는 일입니다.

▲ 인터넷 뉴스의 주제는 무엇인지 알맞은 것에 ○표를 하세요.

☐ 싫어있는 화석이라고 불리는 투구게가 발견되었다.

◯ 싫어있는 화석이라고 불리는 투구게가 점점 사라지고 있다.

해설 인터넷 뉴스의 주제는 투구게가 점점 사라지고 있다는 것입니다.

▲ 이 인터넷 뉴스의 내용으로 알맞은 것을 모두 골라 기호를 쓰세요. 답 ㉯, ㉰

㉮ 투구게는 게와 모습이 비슷하다.
㉯ 백신 등의 안전성을 확인하는 데 투구게의 파란색 피가 활용되는 것이다.
㉰ 투구게의 피 속에 있는 변형 세포는 바이러스, 박테리아, 곰팡이 등이 퍼지는 것을 막아준다.

해설 투구게는 게보다는 거미나 전갈과 더 가까운 동물입니다.

활동 인터넷 뉴스를 다시 읽고 댓글을 써 보세요.

댓글

angel** 11.10.13:05
투구게란 거 처음 들어봤어요. 생긴 거는 좀 징그럽긴 거 같아요.

tom** 11.10.14:13
투구게가 인간에게 참 좋은 일을 하네요. 그런데 우리 인간이 투구게에게 어쩌지는 모르겠네요.

exuur** 11.10.15:03
투구게 피 색깔이 파란색인 게 신기해요. ▷1

[예] 투구게는 자연에서 오래 살았으면 좋겠고, 백신이 안전성을 확인할 수 있는 무언가가 빨리 개발되었으면 좋겠다.

1000자 이내 [등록]

해설 자연을 훼손하는 인간에 대한 생각이나 생각이나 느낌 등을 씁니다.

백신이 궁금해요

• 전염병에 걸리지 않게 하기 위해 몸에 넣는 물질의 하나이다.
• 백신은 1796년 영국의 에드워드 제너가 천연두를 치료하기 위해 처음 만들었다.
• 백신이란 말은 파스퇴르에 의해 처음 사용되었다.
• 장티푸스, 콜레라, 독감, 코로나 백신 등이 있다.

5회 과학

1 인터넷 뉴스를 읽고 댓글 쓰기

파란 피를 가진 투구게

싫어있는 화석이라고 불리는 투구게에 대한 인터넷 뉴스를 찾았어요.
피 색깔이 파란색인 투구게와 인간 사이에 어떤 일이 일어나고 있는지 읽어 보고 인터넷 뉴스에 댓글을 써 보세요.

NEWS | HOT뉴스 | 정치 | 스포츠 | TV연예 | 날씨

로그인 | 구독하기 | 마이페이지

투구게가 사라지고 있대요

기사전송 20○○.11.10. 오후 12:20
강섬 기자 >

댓글 4 공감 22 공유

4억 5천만 년 전부터 끈질긴 생명력으로 지구에서 살고 있는 투구게는 오늘날까지 거의 모습이 변하지 않아서 싫어있는 화석이라고 불립니다. 그런데 이러한 투구게가 점점 사라지고 있다는 것을 알고 있나요?

투구게는 거미와 전갈에 가까운 동물로 이름만 게입니다. 모습도 우리가 알고 있는 게와는 전혀 다릅니다.
이 투구게는 파란색 피를 갖고 있는데요, 이 피 때문에 점차 사라지고 있는 거예요.
투구게의 파란색 피에는 변형 세포라는 게들이 있는데, 박테리아나 곰팡이, 바이러스나 이것은 바이러스나 곰팡이, 박테리아 등을 찾아냅니다. 그래서 백신 등의 안전성을 확인하기 위해 사용되는 것이지요. 우리가 예방 주사로 맞는 독감이나 코로나 백신 등이 이 이러한 안전성을 만들어냅니다. 이 시야운 이런 과정을 가져 안전성을 확인한 것이지요.

이 시야운 만들기 위해 매년 않은 투구게들을 잡아 제약회사 실험실에서 피를 뽑아낸 뒤에 바다로 돌려보낸다고 합니다. 살아 있는 투구게들의 몸에 구멍을 뚫고 곪고 곪으면 하루 길면 3일 동안 몸에 있는 피의 약 30%나 뽑아냅니다. 이러한 과정 중에 약 열 마리 중 내 마리가 독개 되며, 바다로 돌려보내도 투구게라도 잃을 찾지 못하며 되어 개체 변식이 어렵게 되는 것입니다.

인간의 안전과 미래를 위해 투구게의 피를 발견 쓰고 있지만, 그 결과 점차 사라지고 있는 투구게.
투구게가 모두 사라진 날 우리의 안전은 누가 지켜줄까요?
어떤 게 더 미래를 위한 행동인지 생각해 보아야 할 때입니다.

활동 이 내용이 담긴 디지털 매체는 [인][터][넷] [뉴][스]이다.

▲ 비엘티(BLT) 샌드위치의 비엘티는 각각 어떤 재료를 뜻하는지 모두 골라 ○표를 하세요.

[당칩프라이어] [베이컨] [양상추] [토마토]

해설 비엘티 샌드위치는 베이컨(Bacon), 양상추(Lettuce), 토마토(Tomato)의 영어 앞 글자를 따서 만든 샌드위치입니다.

▲ 비엘티(BLT) 샌드위치를 만들 때 가장 먼저 할 일은 무엇인지 기호를 쓰세요. [답] ㉰

㉮ 비닐 랩이나 기름종이로 싼다.
㉯ 다른 식빵으로 덮은 뒤 꾹꾹 누른다.
㉰ 식빵의 한쪽 면에 마요네즈와 머스터드를 넓게 펴 바른다.

해설 비엘티 샌드위치를 만들 때 가장 먼저 빵의 한 면에 마요네즈와 머스터드를 넓게 펴 바릅니다. 그런 다음 양상추, 베이컨, 토마토를 순서대로 올린 다음 다른 식빵으로 덮습니다.

활동 다음은 SNS에서 찾은 햄버거 레시피입니다. 이를 참고하여 SNS에 올릴 나만의 샌드위치 레시피를 써 보세요.

♥ 258 Likes
#김예서_직접_만든_햄버거 #건강_버거
1. 햄버거 빵 안쪽 면에 마요네즈 한 숟가락을 펴 바른다.
2. 햄버거 빵 위에 양상추, 토마토, 고기(패티), 치즈를 올린다.
3. 다른 햄버거 빵으로 덮는다.

258 Likes
예) #건강_샌드위치
1. 식빵의 한쪽 면에 마요네즈를 펴 바른다.
2. 슬라이스 햄, 토마토, 오이, 치즈, 상추를 순서대로 올린다.
3. 다른 식빵으로 덮는다.

레시피가 뭐예요?

· 레시피는 음식을 만드는 데 필요한 재료, 방법, 과정 등을 말한다.
· 레시피에는 음식의 재료와 만드는 방법과 과정이 순서대로 들어가야 한다.
· 재료의 이름이나 분량이 정확하면 더 좋다.

---

2 웹툰을 읽고 SNS에 글쓰기

샌드위치 만들기

민석이는 주말마다 온라인 요리 교실에 참여해요. 이번 주에는 BLT 샌드위치를 만들어 보기로 했어요. 웹툰 내용을 바탕으로 SNS에 올릴 나만의 샌드위치 레시피를 써 보세요.

오늘의 메뉴는 비엘티(BLT) 샌드위치입니다.

비엘티 샌드위치는 베이컨, 양상추, 토마토를 따서 만든 글자를 샌드위치입니다.

미리 안내된 대로 재료는 준비되었지요? 그럼, 샌드위치를 만들어 보겠습니다.

다 만든 샌드위치는 칼을 이용하여 반으로 자릅니다. 칼을 이용할 때 부모님과 모두 조심하여 도움을 받도록 하세요.

샌드위치 만들기

01 재료(2인분)
식빵 4쪽
베이컨 2줄
양상추 조금
토마토 한 개
마요네즈, 머스터드 소스
위생 장갑

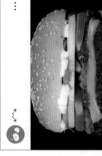 

02 만들기
1. 식빵의 한쪽 면에 마요네즈와 머스터드를 넓게 펴 바른다.
2. 양상추, 베이컨, 토마토를 순서대로 올린다.
3. 다른 식빵으로 덮는다.

03 자르기
비닐 랩이나 기름종이로 잘 감싼 후 칼로 반을 자른다.

활동 이 나만이 담긴 디지털 매체는 [웹] [툰] 이다.

확인 문제 》

정답과 해설 62쪽

4 인터넷 게시판에 댓글을 쓸 때 주의할 점입니다. 빈칸에 들어갈 알맞은 말에 ○표를 하세요.

> • 함부로 말하거나 비웃고 헐뜯는 말을 하지 않는다.
> • (착한, 나쁜) 댓글을 쓰지 않는다.
> • 글쓴 사람을 (욕하는, 칭찬하는) 내용의 글은 쓰지 않는다.
> • 게시판의 주제와 상관 없는 내용을 쓰지 않는다.

해설: 인터넷 게시판에 나쁜 댓글을 쓰지 않아야 합니다. 그리고 글쓴 사람을 욕하는 내용의 글은 쓰지 않아야 합니다.

5 다음과 같은 상황에 찾아볼 매체로 알맞은 것은 무엇인가요? (⑤)

> • 대상에 대한 기초적인 정보를 얻고 싶을 때
> • 대상과 관계된 다양한 사진 자료를 찾아보고 싶을 때
> • 대상에 대한 시대적 의미와 사회적 배경 등을 자세히 얻고 싶을 때

① SNS   ② 블로그   ③ 인터넷 뉴스   ④ 인터넷 게시판   ⑤ 인터넷 백과사전

해설: 대상에 대한 기초적인 정보를 얻고 싶을 때, 대상과 관계된 다양한 사진 자료를 찾아보고 싶을 때, 대상에 대한 시대적 의미와 사회적 배경 등을 자세히 얻고 싶을 때 찾아볼 매체로 알맞은 것은 인터넷 백과사전입니다.

6 다음은 어떤 매체에 대한 설명인가요? (①)

> • 비유적 표현이나 재미있는 문구를 넣어 만든다.
> • 글꼴이나 글자 크기, 색깔 등을 다르게 하여 같은 인상을 넣을 수 있다.
> • 이미지와 잘 어울리는 자료를 사용하여 효과적으로 나타낼 수 있다.

① 광고   ② 블로그   ③ 인터넷 뉴스   ④ 인터넷 게시판   ⑤ 인터넷 백과사전

해설: 비유적 표현이나 재미있는 제목이나 광고 문구를 넣어 만들고, 글꼴이나 글자 크기, 색깔 등을 다르게 만들고, 인상을 넣을 수 있는 매체는 광고입니다.

7 다음에 대한 설명으로 알맞지 않은 것을 기호를 쓰세요.

> ㉮ 인터넷 뉴스이다.
> ㉯ 아나운서와 기자가 나온다.
> ㉰ 세계 전체의 정을 소개하고 있다.
> ㉱ 자세한 내용은 기자가 전달하고 있다.

(㉮)

해설: 이 매체는 텔레비전 뉴스입니다.

확인 문제 》

1 다음 매체를 알맞게 읽지 않은 친구의 이름을 쓰세요.

> 희경: 바은경 기자가 쓴 인터넷 뉴스이다.
> 명수: 기사를 입력한 날짜와 시간을 알 수 없다.
> 인준: 자연재해를 대비할 수 있다는 내용의 기사임을 짐작할 수 있다.

(명수)

해설: 기사를 입력한 날짜는 20○○년 12월 12일이고, 시간은 오후 12시 12분입니다.

2 다음과 같은 매체는 무엇인가요? (①)

① SNS
② 블로그
③ 인터넷 뉴스
④ 인터넷 게시판
⑤ 인터넷 백과사전

해설: 이와 같은 매체는 SNS입니다.

3 다음 매체를 읽고 정리한 것입니다. 빈칸에 들어갈 알맞은 말에 ○표를 하세요.

> • 이 매체는 (블로그, 인터넷 백과사전)이다.
> • 이 매체를 쓴 사람은 실제 이름을 밝히지 않았다.
> • 이 매체를 읽으면 인도의 (커리, 타코)에 대한 정보를 알게 된다.

해설: 이 매체는 블로그이며, 이 매체를 읽으면 인도의 커리에 대한 정보를 알게 됩니다.

디지털 매체 학습으로 문해력 키우기

'디지털독해가 문해력이다'

디지털 매체에서 정보를 알맞게 읽어내는 문해력

◇

교과별 성취 기준을 바탕으로 한 디지털 매체 학습을 중심으로 구성

◇

실생활에서 자주 접하는 다양한 디지털 매체를 제시하여 활용해 보는 활동

◇

디지털 매체를 활용한 다양한 독해 활동과 독인 문제를 구성

◇

학습 내용과 함께 가치 동화를 제시하여 5가지 올바른 가치를 강조

교과서를 혼자 읽지 못하는 우리 아이? 평생을 살아가는 힘, '문해력'을 키워 주세요!

EBS '당신의 문해력' 교재 시리즈는 **약속합니다.**

교과서를 잘 읽고
더 나아가 많은 책과 온갖 글을 읽는 능력을 갖출 수 있도록
문해력을 이루는 핵심 분야별, 학습 단계별 교재를 준비하였습니다.

한 권 5회 × 4주 학습으로 아이의 공부하는 힘,
평생을 살아가는 힘을 EBS와 함께 기울 수 있습니다.

정답과 해설